감정을 이기는 퀀트투자, 스마트베타

| 퀀트 펀드매니저가 쓴 계량투자 입문서 |

SMART BETA

감정을 이기는 퀀트투자,
스마트베타

글.
김병규 | 이현열

현명한 베타를 통한 알파 추구

WATER BEAR PRESS

감정을 이기는 퀀트투자,
스마트베타

초판 1쇄 인쇄 2017년 10월 30일
초판 1쇄 발행 2017년 11월 6일

지은이 김병규, 이현열

발행처 워터베어프레스
등 록 2017년 3월 3일 제2017-000028호
이메일 waterbearpress@naver.com
홈페이지 www.waterbearpress.com
ISBN 979-11-961590-0-9 03320

ⓒ 2017 김병규, 이현열
* 이 책의 저작권은 지은이에게 있습니다. 저작권법에 따라 보호를 받는 저작물이므로
  어떤 형태로든 무단 전재와 복제를 금합니다.
* 파손된 책은 구입하신 곳에서 교환해 드리며 정가는 뒤표지에 있습니다.

이 도서의 국립중앙도서관 출판예정도서목록(CIP)은 서지정보유통지원시스템 홈페이지
(http://seoji.nl.go.kr)와 국가자료공동목록시스템(http://www.nl.go.kr/kolisnet)에서
이용하실 수 있습니다. (CIP제어번호 : CIP2017026109)

추천사

카카오 뱅크 대표 **이용우**

▌경제연구소와 제조업체의 전략을 담당하다가 자본시장으로 이직을 했을 때 내가 처음 한 것은 그 분야의 주요한 교과서를 섭렵하는 것이었다. 교과서에는 그동안의 성과가 집약되어 있을 뿐만 아니라 최근의 성과까지 망라되어 있었다. 물론 교과서는 우리나라보다 발전된 선진시장을 중심으로 서술되어 있었기 때문에 우리의 현실과는 맞지 않는 부분도 제법 있었다. 왜 서로 다를까? 그 원인은 제도적인 것일까? 발전 정도의 차이일까? 사람들의 행위 목적의 차이가 있을까? 이런 다양한 질문을 통해 자본 시장을 이해하고 자본시장에 참여한 것이 어느덧 20년 가까이 되었다.

이 과정에서 의아하게 여긴 것은 사람들이 최근의 연구 성과에 대해 "그건 교과서에 있는 얘기야! 우리 현실과는 맞지 않아!"라는 식으로 접근한다는 것이었다. 교과서의 내용은 항상 자격증을 따는 데 필요한 것이고 실제 시장에 참여할 때에는 다 잊어버리거나 무시하는 분위기가 여전히 팽배하다. 이론과 부합되지 않는다면 그 원인은 무엇일까? 이 질문은 우리 시장을 이해하는 출발점이다. 이런 질문을 하고 실전에서 투자를 하면서 그 타당성을 검토하다 보면 우리 시장에 대한 이해를 깊게 함과 동시에 목표한 바 수익을 얻을 수 있는 기회를 만들 수 있게 된다. 그러나 이러한 과업은 아주 어려운 것이다. 투자 이론의 성과와 변화를 추적함과 동시에 우리 현실에 적용하고 성과를 평가하는 반복적인 과정이 지속되어야 한다. 이것은 현장에 있는 사람이 할 수밖에 없다. 현장에서 매일매일 투자를 하는 사람이 이론의 성과를 항상 공부해야만 가능한 것이다. 적절한 문제의식과 치열한 공부, 그리고 현실에의 적용이 결합되어야 하는 것이다.

또한 더욱 아쉬운 것 중에 하나는 투자 이론 중 특히 포트폴리오 투자에 관해 자본시장 참여자들이 그리 관심을 두지 않는다는 것이다. 개별 종목의 투자 성과 또는 포트폴리오의 성과에 대해서는 관심을 가지면서 그 성과가 어디에서 유래한 것인지, 어떤 요인에 의해 나온 것이지 등에 대해서는 크게 관심을 갖지 않는다. 이 결과 연기금을 비롯한 주요한 기관들의 투자 전략이 한쪽으로 쏠리게 되고 전체적인 리스크가 높아지는 경우도 발생하는 등 시스템 리스크를 야기하기도 한다.

본 책은 우리가 의아하게 여긴 문제를 풀어나가는 하나의 시도라고 할 수 있다. 투자론의 발전 성과에서 중요한 위치를 차지하는 스마트베타 운용 방식을 소개하고 기관투자가로서 체계적으로 성과를 관리하고 성과 요인을 분해하며 그에 따라 향후 초과 성과를 적절한 리스크 통제를 통해 추구하는 방식을 우리에게 보여주는 것이다. 앞에서도 말했듯이 이것은 단지 이론의 소개로만 가능한 것이 아니다. 이론의 성과를 끊임없이 공부하고 그것을 현실에 적용하고 테스트함으로써 가능한 것이다. 이런 면에서 두 저자는 가장 적합한 사람들이다. 이러한 투자론에 관심을 갖는 사람들과 작은 소모임을 만들고 이들과 새로운 것을 항상 찾아보고 교류함과 동시에 이를 실전에 적용하려 하기 때문이다. 이 책은 바로 이런 활동의 결과물이다. 이 책은 완성판이 아니다. 열린 책이다. 앞으로 끊임없이 새로운 것이 추가될 것이기 때문이다. 그들의 활동과 고민이 담길 것을 기대해 본다. 이 책은 이런 것에 관심을 갖는 우리 자본시장 참여자에게 공개된 질문을 던지는 것이다. 이제 우리는 함께 이 질문에 대한 답을 찾아 나가야 한다.

어려운 현실 속에서 자본시장 참여자들에게 중요한 질문을 던지고 있는 두 사람의 노력에 감탄하면서 우리도 역시 시장을 이해하기 위해 같이 길을 떠나야 한다고 생각한다.

머리말

국내 금융 자산의 규모는 인구 고령화와 맞물려 급속히 커지고 있으며, 특히 각종 연기금, 퇴직연금, 개인연금 등 노후를 대비한 금융 자산의 규모가 기하급수적으로 증가하고 있다. 그러나 커져만 가는 자산 규모에 비해, 장기적으로 지속 가능한 수익률을 달성하기 위한 체계적인 운용 프로세스나 방법에 대해서는 심도 깊은 논의가 활발히 이루어지지 못한 것이 엄연한 현실이다.

국내 펀드 시장의 경우, 스토리텔링 Story Telling 위주의 주식형 액티브 펀드들이 시장을 주도해왔지만, 장기적으로 꾸준하게 성과를 내는 액티브 펀드는 그리 많지 않다. 주로 단기 성과가 좋은 펀드들이 단기간에 많이 팔리지만, 그 이후의 성과는 실망스러운 경우가 적지 않다.

주식형 액티브 펀드의 경우 장기간에 걸쳐 주가지수를 이기는 것은 매우 어렵다. 특히, 국내 경제의 활력이 많이 감소한 상황에서, 직감에 의존한 종목 선정 Stock Selection 이 장기적으로 우수한 초과 성과를 내기는 점점 더 힘들어지고 있다. 이러한 현실 속에서, 철저하게 규칙에 기반한 스마트베타 Smart Beta 의 여러 기법들이 장기적으로 주가지수 이상의 투자 수익을 얻는 데 도움이 될 수 있다.

스마트베타는 매우 체계적이고 투명한 운용 방식이기에, 투자 자금을 장기적으로 관리하는 데 유용한 전략이다. 퇴직연금을 비롯하여 장기 투자를 해야만 하는 자금들은 단기간 탁월한 성과를 내는 펀드를 쫓아가며 투자하기보다는 상대적으로 위험이 적으면서 장기적으로 꾸준한 성과를 내는 전략으로 투자하는 것이 바람직하다. 또한, 운용의 투명성이 담보되어야 한다. 스마트베타 전략은 운용 전략이 투명하게 공개되고, 펀드 매니저Fund Manager의 주관적 판단이 배제된다는 점에서 객관성과 투명성을 모두 만족한다.

한편, 국내 투자 자산의 규모가 기하급수적으로 커짐에도 불구하고 한국 경제의 활력 감소로 인해, 국내 투자만으로는 원하는 수익률을 얻기가 더욱 힘들어졌다. 따라서 기대 수익률을 높이기 위해 해외 투자는 이제 선택이 아닌 필수이며, 해외 투자를 어떻게 체계적으로 할 것인지에 대해 고민해야 한다. 그러나 국내 운용사나 기관들의 해외 투자를 위한 리서치 역량은 아직 충분치 못하고, 해외 경쟁 상대에 비해 많이 부족하다.

하지만 스마트베타 방식은 규칙에 기반한 운용 방식이기에, 펀더멘털 리서치Fundamental Research에 대한 역량이 부족하거나 없더라도 얼마든지 우리의 현실에 맞춰 운용할 수 있다. 펀더멘털 리서치는 많은 인력과 노력이 필요하지만, 스마트베타 방식은 적은 인력과 투자로도 비교적 단시간 내에 상당한 운용 역량을 키울 수 있기 때문이다.

저금리, 저성장이 고착화되어 가고 있는 국내 현실에서 국내 채권과 국내 주식만으로 예전에 누렸던 것과 같은 수익률을 달성하는 것은 사실상 어렵다. 국내보다 더 높은 성장이 있는 해외로 눈을 돌려야만 한다면 이에 맞는 체계적인 운용 기법이 필수적이며, 스마트베타는 좋은 대안이 될 수 있을 것이라는 믿음으로 이 책을 쓰게 되었다.

목차

추천사	카카오뱅크 대표 이용우	5
머리말		8

Part 1. 스마트베타의 정의 … 13
    1. 왜 스마트베타인가? … 15

Part 2. 종목선택 전략(Stock Selection Strategy) … 25
    2. 팩터의 탄생 : CAPM과 3팩터 모델 … 27
    3. 소형주 팩터(Size Factor) … 37
    4. 저위험 팩터(Low Risk Factor) … 45
    5. 모멘텀 팩터(Momentum Factor) … 61
    6. 고배당 팩터(High Dividend Yield Factor) … 85
    7. 퀄리티 팩터(Quality Factor) … 101
    8. 밸류 팩터(Value Factor) … 125
    9. 멀티 팩터(Multi Factor) … 135

Part 3. 배분 전략(Allocation Strategy) … 153
    10. 동일비중 배분(Equal Weight Allocation) … 155
    11. 위험기반 배분(Risk-Based Allocation) … 163
    12. 위험기반 배분의 예 … 177
    13. 한국 주식 시장 내 배분 전략 … 191

맺음말 … 197

PART 01

스마트베타의 정의

Today's alpha is tomorrow's beta.
— MSCI

01 | 왜 스마트베타인가?

스마트베타의 정의

　　스마트베타에 대해 통일된 정의가 존재하지는 않으며, 사람마다 스마트베타를 바라보는 관점이 다르므로 정의에 있어 약간의 차이가 있다. 가장 일반적으로 받아들여지는 정의는 '장기적으로 주가지수 이상의 성과를 낼 수 있는 매우 체계적이고 투명한 운용 방식'이다. 쉽게 표현하면 규칙 기반$^{Rule-Based}$의 과학적인 운용 프로세스와 투명성이 뛰어난 합리적 운용 방식이라고 표현할 수 있다.

　　기존의 알파^{Alpha}와 베타^{Beta}에 대한 개념을 이해하고 있는 투자자의 입장에서는 이 둘의 교집합으로 볼 수 있다. 베타는 주가지수 혹은 특정 지수를 추종하는 운용 방식이며, 알파는 벤치마크인 지수 대비 초과 수익 또는 초과 수익을 얻기 위한 운용 방식을 의미한다.

　　운용이란 꾸준하게 양의 알파를 창출하는 것이 목적이지만, 지속적으로 시장을 이기는 것은 매우 어려운 일이다. 과거에는 시장을 꾸준히 이겨왔던 초과 수익이 매니저의 특별한 능력으로 여겨졌다. 그러나 금융의 발전과 여러 연구를 통해, 이러한 초과 수익이 배당, 소형주, 가치, 성장 등 특정한 팩터에 의해 발생하며, 사전에 정해진 규칙을 통해 이러한 팩터에 대한 노출이 투명하게 운용될 수 있다는 사실이 밝혀지고 있다. 즉 과거에는 알파로 여겨졌던 것들이 최근에는 베타화되고 있으며, 이를 스마트베타라 한다.

여기서 베타화는 과거 좋은 성과를 냈던 전략들이 소수 매니저들의 뛰어난 재량이 아닌 체계적인 방식으로 복제가 가능하다는 의미이다. 최근에 시장에서 관심을 받고 있는 팩터 투자$^{Factor\ Investing}$의 관점에서 보면 스마트베타는 포트폴리오^{Portfolio}를 특정 팩터에 노출시키는 전략이라고도 할 수 있다.

스마트베타는 시장베타$^{Market\ Beta}$에 대비되는 의미로 사용되며, '대안적베타$^{Alternative\ Beta}$', '어드밴스드베타$^{Advanced\ Beta}$', '전략적베타$^{Strategic\ Beta}$'로도 불린다. 스마트베타는 규칙에 기반한 운용 방식이므로 주가지수를 만드는 것처럼 지수화할 수 있으며, 시가총액 방식의 주가지수와 대비하여 '강화된 지수화$^{Enhanced\ Indexation}$'이라고도 불린다.

시가총액 방식 주가지수의 문제점

우리가 알고 있는 KOSPI, KOSPI 200, S&P 500, TOPIX 등은 시가총액가중방식지수$^{Market\ Capitalization\ Weighted\ Index}$를 따르고 있다. 시가총액가중방식지수는 다음과 같이 계산되며, 지수의 수익률은 개별 기업 수익률의 시가총액비중가중평균과 같다.

$$\text{주가지수} = \frac{\text{비교시점의 시가총액}}{\text{기준시점의 시가총액}} \times 100$$

(시가총액 = 주가 × 상장주식수)

시가총액가중방식지수의 경우 변화하는 주가에 따라 지수가 자동적으로 조정되므로 자금의 유출입이 없는 이상 주식을 사거나 팔 필요가 없어 비용을 효율적으로 운용할 수 있다는 장점이 있지만, 다음과 같은 문제점 또한 존재한다.

먼저, 특정 종목이 다른 종목 대비 상대적으로 많이 상승하면 비중이 증가하는 모멘텀 편향Momentum Bias이 존재한다. 지수를 추종하는 자금이 신규로 유입될 경우 주가가 상승한 종목은 늘어난 비중을 맞추기 위해 더욱 매수해야 하며, 이 과정에서 주가는 더욱 상승하게 된다. 반면 주가가 하락한 종목은 비중이 줄어들어 매수할 양이 적으며, 상대적인 비중은 더욱 줄어들게 된다.

상대적으로 가격이 비싼 주식을 더욱 많이 사게 되는 성장편향Growth Bias 또한 존재한다. 주가지수 내 펀더멘털은 동일하지만 높은 밸류에이션Valuation, 즉 상대적으로 가격이 높은 A 주식과 낮은 밸류에이션, 즉 상대적으로 가격이 낮은 B 주식이 있다고 가정하자. 이 경우 둘은 동일한 수익 구조와 재무 구조를 가지고 있는 회사이지만, A 주식의 시가총액비중이 더 크므로 인덱스를 추종하는 자금은 B 주식보다 A 주식을 더욱 매수하게 된다. 결과적으로 밸류에이션이 높은 기업을 더 많이 사는 현상이 발생한다.

마지막으로 시가총액가중방식지수는 대형주 위주의 지수가 되는 문제가 발생한다. 주가지수의 집중도를 표현하기 위해 로렌츠 곡선Lorenz Curve을 이용하도록 한다. 로렌츠 곡선은 경제학에서 부의 불평등 정도를 그래프로 표현한 것으로, '상위 몇 %의 사람이 부의 몇 %를 가지는가'를 표현하는 그래프이다. 이를 주가지수의 집중도에 적용하면, 시가총액 상위 몇 %의 주식이 시가총액 몇 %를 차지하는가를 표현하게 된다.

[그림 1. 1]은 KOSPI 200을 포함한 국내외 대표 지수들의 로렌츠 곡선이다. 대각선은 완전평등, 즉 지수 내 모든 종목의 비중이 동일한 경우이며, 해당 점선으로부터 위쪽으로 치우칠수록 시가총액 상위 종목으로의 집중이 심하다는 의미이다. 대부분의 지수가 오목하게 위로 치우쳐 있어 대형주로의 쏠림이 있음을 알 수 있으며, 특히 KOSPI 200의 경우 타 지수들에 비해 더욱 위로 치우쳐 있어 이러한 쏠림이 심함을 알 수 있다. 이는 KOSPI 200 내에서 삼성전자 한 종목이 25% 이상을 차지하는 지나친 집중에 기인한다.

[그림 1. 1] 국내외 대표 지수들의 로렌츠 곡선(2016년 12월 말 기준)

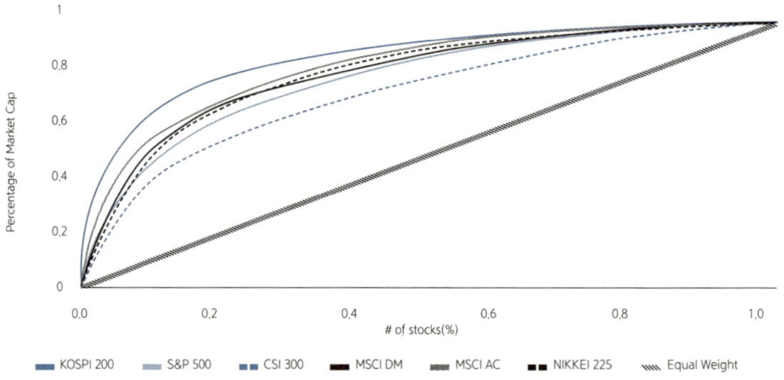

출처 : Bloomberg

집중도를 살펴보는 또 다른 방법으로는 지니 계수$^{Gini\ Coefficient}$가 있다. 지니 계수란 인구분포와 소득분포의 관계를 나타내는 수치로서, 경제학에서 부의 불평등 정도를 나타낼 때 많이 사용되는 지표이다. 로렌츠 곡선상에서 점선과 실선으로 둘러싸인 영역의 면적(정확히는 면적의 2배)으로 표현이 되며, 이 면적이 클수록 집중이 심하다는 것을 의미한다. 완전평등의 경우 0, 완전불평등의 경우 1의 값을 가진다.

다음의 [표 1. 1]은 지니 계수와 함께 주가지수를 구성하는 종목 중 시가총액이 가장 큰 종목의 비중이다. 해외 지수들의 경우에는 시가총액 최대 종목의 비중이 10% 이하인 반면, KOSPI 200은 삼성전자 한 종목의 비중이 거의 지배적이라고 할 만큼 매우 크다는 것을 알 수 있다. 이런 결과로 인해 지니 계수 또한 타 지수들에 비해 크다.

[표 1. 1] 국내외 지수들의 지니 계수(2017년 1월 말 기준)

지수	시가총액 최대종목 비중(%)	지니 계수
KOSPI 200	27.87	0.750
S&P 500	3.50	0.580
CSI 300	4.19	0.472
MSCI DM[1]	1.89	0.614
MSCI AC[2]	1.69	0.661
NIKKEI 225	7.10	0.624

출처 : Bloomberg

---

1 MSCI World Index
2 MSCI All Country World Index(ACWI)

스마트베타 방법의 장점

스마트베타는 시가총액가중방식이 아닌 체계적인 방법에 의해 지수화가 가능한 운용 방식이라고 정의할 수 있으며, 장기적으로 시가총액가중방식의 지수를 이기는 것을 목표로 한다. 스마트베타의 장점은 다음과 같다.

펀더멘털에 기반한 액티브 펀드에 비해 투명성Transparency이 매우 높다. 매니저의 주관적 판단으로 의사결정이 이루어지는 운용방법이 아닌, 체계적이고 확인 가능한 철저한 규칙 기반의 방식을 취하고 있다.

위험 감소Risk Reduction의 효과도 있다. 스마트베타의 숨은 운용철학은 장기 투자 시 큰 손실을 피하는 데 있다. 따라서 시장이 급등하는 구간에서 시장을 따라가지 못하더라도 가급적 위험을 줄이는 방향으로 운용하는 것이 바탕에 깔려 있다. 스마트베타 전략이 모든 구간에서 시장 대비 위험이 적은 것은 아니며 특정 구간에서 시장 대비 변동성이 클 수도 있지만, 기간을 충분히 확장할 경우 주가지수에 비해 적은 위험을 가짐이 실증되었다.

물론 특정 팩터에만 노출시키는 전략의 경우, 해당 팩터에 대한 의존도가 크므로 팩터에 대한 위험이 크다. 그러나 이는 장기적인 관점에서 의도된 위험이며 이를 통한 보상을 받을 수 있기에, 일반적으로 걱정하는 손실에 대한 위험과는 그 의미가 다르다.

소형주, 밸류, 퀄리티 등 다양한 팩터에 노출하는 스마트베타 전략을 활용하여 분산Diversification 전략을 구사할 수 있으며, 투자자들이 의도하거나 선호하는 특정 팩터들로만 포트폴리오를 구성할 수도 있다. 물론 이러한 팩터들은 지속가능 팩터Sustainable Factor : 장기적

^{으로 우수하며, 지속가능한 성과를 내는 팩터}이다. 특히 장기 성과가 시가총액가중방식지수 대비 우월하다고 판단이 되면 스마트베타에 투자하는 것이 단순 인덱스 펀드에 투자를 하는 것보다 위험-수익 프로파일^{Risk-Return Profile} 면에서 훨씬 효율적이다. 장기적으로 스마트베타 전략이 주가지수보다 낮은 위험으로 더 높은 성과를 낼 수 있다는 것은 실증되고 있다.

해외 투자, 그리고 스마트베타

국내 경제의 저금리, 저성장 기조가 뚜렷해지면서, 이제 국내 투자만으로는 투자자가 원하는 수익을 달성하는 것이 힘들어졌다. 대형 연기금은 이미 해외 투자를 많이 해왔지만, 규모가 작은 기관이나 개인들은 해외 투자에 대한 막연한 두려움과 자국 투자 편향^{Home Country Bias}으로 인해 본격적인 해외 투자를 하지 못하고 있는 실정이다.

국내 투자에서 익숙한 방법론을 해외에 그대로 적용하는 데에는 여러 어려움이 있다. 일반적인 투자의 경우 바텀업^{Bottom-up} 접근법을 주로 사용하며, 해당 접근법을 해외 시장에 적용하기 위해서는 펀더멘털 리서치를 위한 조직 및 인프라를 갖춰야 한다. 주요 해외 시장을 모두 공략하기 위해서는 현재보다 훨씬 많은 인력과 그에 따른 비용이 들어가야 하며, 기존 인력을 그대로 활용하는 것은 매우 어렵다.

예를 들어, 어떤 매니저가 오랜 기간 동안 펀더멘털에 기반하여 국내 주식을 운용하며 뛰어난 성과를 기록했을지라도, 당장

커버리지^{Coverage : 리서치 범위}를 해외 주식으로 변경하는 것은 쉽지 않다. 현실적으로 새로운 인력을 고용하거나 외부 리서치를 활용할 수밖에 없는 것이다.

반면 스마트베타는 펀더멘털 방식과는 달리 확장성이 아주 뛰어나다. 현재 국내에서 사용하는 방법을 해외 시장에 적용하는 데 그리 오랜 시간이 필요하지 않고, 이에 필요한 자원^{Resource} 또한 많지 않다. 스마트베타 방법론이 모든 시장에서 잘 작동하는 것은 아니지만, 개별 시장의 특성에 맞게 세부 조정을 한다면 투자자가 기대하는 수준의 위험-수익 프로파일을 보여줄 것이다.

해외 시장에서는 스마트베타를 이용한 투자가 일반화되어 가고 있지만, 국내에서는 아직 초기 단계이다. 해외 투자가 반드시 필요한 상황에서 국내 운용사들은 해외 운용에 대한 경험 부족으로 해외 운용사를 통한 위탁 또는 자문의 형태로 운용하는 경우가 대부분이다. 하지만 현재와 같은 방식을 계속 고수한다면 5년, 10년 후에도 해외 운용사에 대한 의존도를 낮출 수 없다. 우리 스스로의 힘으로 할 수 있는 작은 일부터 해나간다면 우리만의 운용체계를 갖추는 것이 어렵지만은 않을 것이다. 특히 장기 자금을 운용하는 연기금이나 퇴직연금과 같은 자금은 무엇보다 체계적이고 투명한 운용 전략이 중요하며, 스마트베타는 이에 대한 좋은 대안이 될 수 있을 것이다.

PART 02

종목선택 전략
(Stock Selection Strategy)

> We search through historical data looking for anomalous patterns that we would not expect to occur at random.
>
> – James Simons(Renaissance Technologies)

02 | 팩터의 탄생
: CAPM과 3팩터 모델

시장베타의 탄생, 자산가격결정모형

1920년대 이후 거듭된 미국 주식의 상승은 투자자들에게 합리적 판단보다는 비이성적 투기를 불러왔으나 탐욕은 오래가지 못했다. 1929년 9월 고점(381.17)에서 1932년 7월 저점(41.22)까지, 경제대공황 시절 다우존스지수는 무려 89.19% 가까이 하락했다.

[그림 2. 1] 다우존스지수(1920~1949)

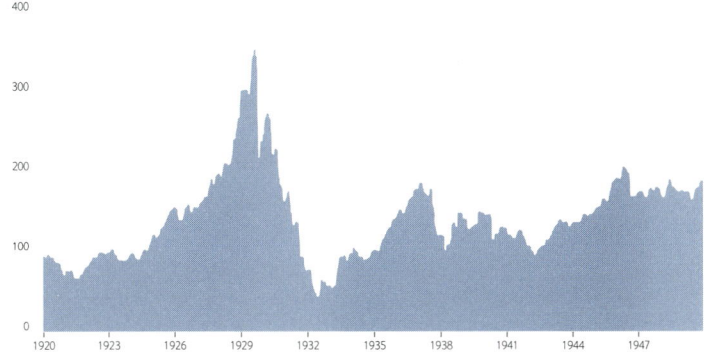

※ 출처 : Bloomberg

그 이후 투자자들은 점차 합리적으로 변해갔으며, 벤저민 그레이엄$^{Benjamin\ Graham}$을 필두로 가치 투자 학파가 태동했다. 그들은 개별 주식의 내재가치 대비 고평가 혹은 저평가 여부에 중점을 두었으며, 대체로 정량적^{Quantitative} 방법론을 이용하여 주식을 분석했다. 이후 가치 투자의 대가들인 필립 피셔$^{Philip\ Fisher}$, 존 템플턴$^{John\ Templeton}$, 월터 슐로스$^{Walter\ Schloss}$, 워런 버핏$^{Warren\ Buffett}$ 등이 벤저민 그레이엄의 정량적 방법론 위에 성장성, 경영진, 비즈니스 모델에 대한 평가와 같은 정성적^{Qualitative} 방법론을 더하여 가치 투자 학파를 계승·발전하면서 현재에 이르고 있다.

반면, 수학과 통계를 무기로 한 계량 경제학자들은 계량적 방법론을 통해 주식 혹은 금융자산을 분석해 나갔다. 그 결과, 1952년 해리 마코위츠$^{Harry\ Max\ Markowitz}$는 논문[3]에서 자산 간 분산 효과를 통해 동일한 수익을 상대적으로 낮은 위험으로 추구할 수 있는 포트폴리오 이론을 발표했고, 이는 학문으로써 금융^{Finance}의 본격적인 시작이 되었다.

그 후 금융학자들의 관심은 개별 주식의 수익률을 결정하는 팩터를 찾는 것이었다. 이러한 팩터를 찾을 수 있다면, 미래 수익률도 예측할 수 있기 때문이다. 그 결과 탄생한 최초의 팩터가 바로 베타로 널리 알려진 시장팩터$^{Market\ Factor}$이다. 윌리엄 샤프$^{William\ Sharpe}$는 그의 논문[4]과 책[5]을 통해, 마코위츠의 포트폴리오 이론을 확장한 '자

---

3 Markowitz, H.M.(1952). "Portfolio Selection". The Journal of Finance. 7(1): 77-91.

4 Sharpe, William F.(1964). "Capital Asset Prices - A Theory of Market Equilibrium Under Conditions of Risk". Journal of Finance. XIX(3): 425-42.

5 Portfolio Theory and Capital Markets(McGraw-Hill, 1970)

산가격결정모형$^{\text{CAPM : Capital Asset Pricing Model}}$'을 발표했다. 해당 모형의 핵심인 베타는 투자의 철학과도 같은 '고위험 고수익$^{\text{High Risk High Return}}$'의 모태가 되었다.

CAPM에서 말하는 베타는 기존 계량경제학의 회귀모형에서 회귀계수로 표현되는 베타와 동일하다. 회귀계수란 독립변수(x)가 한 단위 변화함에 따라 종속변수(y)의 변화에 미치는 크기를 의미하며, 수식적으로는 다음과 같다.

$$\beta = \frac{cov(x, y)}{\sigma_x^2}$$

y축을 개별 주식의 수익률(i), x축을 시장 수익률(m)로 변경하면, 베타는 다음과 같이 표현된다.

$$\beta = \frac{cov(x, y)}{\sigma_x^2} = \rho(i, m) \times \sigma_m \times \frac{\sigma_i}{\sigma_m^2} = \rho(i, m) \times \frac{\sigma_i}{\sigma_m}$$

다시 말해, CAPM에서 말하는 베타는 개별 주식과 시장 수익률 간의 상관관계와 개별 주식과 시장 수익률의 변동성 비율의 곱으로 표현된다.

다음 페이지의 [그림 2. 2]는 2000년부터 2016년까지 월간 수익률 기준으로 삼성전자와 KOSPI 간의 수익률 관계를 나타낸 것이다. 그림에서 알 수 있듯이 개별 주식(삼성전자)과 시장(KOSPI)의 수익률은 대체로 선형 관계를 보이며, 그래프의 기울기(회귀계수)가 개별 종목의 베타이다.

[표 2. 1]은 동일한 데이터로 회귀분석을 실시한 결과이며,

시장베타값이 [그림 2. 2]의 직선의 기울기와 거의 비슷함을 알 수 있다.

위의 내용을 다시 생각해보면, 베타가 크다는 것은 직선의 기울기가 크다는 것이며, 베타가 큰 종목의 경우에는 기대 수익률도 높게 나타난다는 의미이다. 이를 수식으로 표현한 것이 바로 CAPM이다.

$$R_i = R_f + \beta_i \times [R_m - R_f]$$

개별 주식의 기대 수익률은 ①국고채 등의 무위험 수익률, ②시장 프리미엄(무위험 수익률 대비 시장의 초과 수익률)과 개별 주식 베타값의 곱의 합으로 표현된다. 따라서 베타값이 크면 클수록 개별 주식의 기대 수익률은 높으며, 시장베타는 주식 수익률에 관한 공통적 특성을 찾은 최초의 팩터이다.

[그림 2. 2] 삼성전자와 KOSPI 수익률 관계(2000~2016)

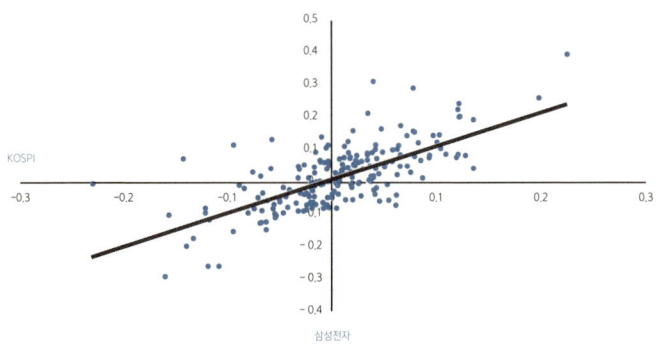

※ 출처 : Bloomberg

[표 2. 1] 삼성전자와 KOSPI 수익률 회귀분석 결과

월 기준 초과 수익률	β(MKT)	R Square
1.17% (2.3447)	1.0333 (13.4052)	46.94%

※ 출처 : Bloomberg

팩터의 확장: 파마-프렌치의 3팩터 모델

시장베타의 발견 이후로도 수익률에 관한 공통적 팩터를 찾기 위한 학자들의 연구는 계속되었다. 20여 년의 세월이 지난 후, 당시 자산가격모형과 관련하여 수많은 논문을 쓰던 유진 파마$^{Eugene\ Fama}$와 케네스 프렌치$^{Kenneth\ French}$ 교수는 금융 역사상 가장 큰 업적 중 하나를 논문[6]에 남기게 된다. 이것이 바로 그 유명한 파마-프렌치의 3팩터 모델이다.

CAPM의 시장베타로도 설명되지 않는 수익률의 잔여 부분을 파마-프렌치는 소형주 그리고 가치주 팩터를 통해 설명했다. 먼저 소형주 효과$^{SMB\ :\ Small\ Minus\ Big}$란 대형주 대비 소형주의 초과 수익률이며, 가치주 효과$^{HML\ :\ High\ Minus\ Low}$란 시장가치 대비 장부가치$^{BM\ :\ Book\ to\ Market}$ 비율이 낮은 주식 대비 BM 비율이 높은 주식의 초과 수익률이다. 여기서 말하는 BM은 시장가 대비 장부가를 의미하며, 흔히 알고 있는 주가순자산비율$^{PBR\ :\ Price\ to\ Book\ Value\ Ratio}$의 역수와 같다.

[그림 2. 3]은 미국 주식 시장 내에서 SMB와 HML 팩터의

---

[6] Fama, Eugene F., French, Kenneth R.(1992), "The Cross-Section of Expected Stock Returns", Journal of Finance, 47(2): 427-465.

누적 수익률을 나타낸 그래프이다. SMB의 경우 매월 소형주 수익률과 대형주 수익률 차이의 누계이며, HML의 경우 가치주$^{High\ BM}$ 수익률과 성장주$^{Low\ BM}$ 수익률 차이의 누계이다. 그래프에서 알 수 있듯이 두 팩터 모두 장기적으로 상승하는 모습을 보인다. 즉 소형주일수록, 그리고 가치주일수록 수익률이 높으며, 이는 개별 주식의 수익률을 설명하는 새로운 팩터를 발견한 것이다.

[그림 2. 3] 미국 주식 시장 내 SMB와 HML 누적 수익률(1926~2016)

출처 : Kenneth R. French - Data Library[7]

기존 마코위츠의 CAPM이 개별 주식의 수익률을 시장 팩터로만 설명한 1팩터 모델이었다면, 파마-프렌치의 모형은 여기에 소형주 팩터, 가치주 팩터까지 더해진 3팩터 모델이다. 이를 수식으로 나타내면 다음과 같다.

$$R_i = R_f + \beta_i \times [R_m - R_f] + \beta_{SMB} \times SMB + \beta_{HML} \times HML$$

---

7 http://mba.tuck.dartmouth.edu/pages/faculty/ken.french/data_library.html

즉 개별 주식의 수익률은 시장 수익률, 소형주의 상대 수익률, 가치주의 상대 수익률에 영향을 받으며, 그 크기는 각 베타값에 비례한다. [표 2. 2]는 삼성전자의 수익률을 대상으로 기존 1팩터 및 3팩터 회귀분석 결과이다. 각 팩터별 회귀계수 값(베타)이 나타나 있으며 괄호 안의 숫자는 각각의 t-value이다.

삼성전자는 대형주로 분류되므로 SMB 팩터와는 음의 관계가 있다. 과거 높았던 PBR로 인해 HML 팩터와도 음의 관계가 있음이 확인된다. 회귀분석의 설명력을 나타내는 R square 역시 46.94%에서 49.24%로 증가했다.

[표 2. 2] 삼성전자와 KOSPI 수익률 회귀분석 결과: CAPM 및 파마-프렌치 모형

	Alpha	β(MKT)	β(SMB)	β(HML)	R square
CAPM	1.17% (2.3447)	1.0333 (13.4052)			46.94%
파마-프렌치 3팩터 모델	1.79% (3.4127)	0.9859 (12.6939)	-0.1825 (-2.0534)	-0.3631 (-3.1029)	49.24%

※ 출처 : Bloomberg

파마-프렌치의 3팩터 모델 이후에도, 주식의 수익률을 설명하는 추가적인 팩터를 발견하기 위한 학자와 실무자들의 노력은 계속되었다. 금융학과 통계학의 발전, 그리고 컴퓨터 연산속도의 증가 등으로 인해 추가적으로 수익률을 설명하는 공통적인 팩터가 발견되었으며, 대표적으로 저변동성$^{\text{Low Volatility}}$, 모멘텀, 퀄리티 팩터 등이 있다. 이러한 발견과 더불어 장기적으로 우수한 성과를 기록하는 팩터(예: 밸류 팩터)가 우수한 종목들을 선별해 투자하는 '팩터 투자' 혹은 '스마트베타 투자' 역시 점차 증가하는 추세이다.

부록

회귀계수(베타)의 증명

통계학에서 말하는 회귀모형과 추정식은 다음과 같다.

The Model : $Y_i = \alpha + \beta X_i + \varepsilon_i$

The Estimated : $\hat{Y}_i = a + b X_i$

이 둘 간의 차이는 잔차^{Residual}로 표현된다.

$e_i = Y_i - \hat{Y}_i = Y_i - a - b X_i$

회귀계수 추정법 중 가장 기본적으로 사용되는 최소제곱법$^{Ordinary\ Least\ Squares}$은 잔차의 제곱의 합이 최소가 되게 하는 방법이다.

$$\min_{(a,b)} \sum_{i=1}^{n} e_i^2 = \sum_{i=1}^{n} (Y_i - a - b X_i)^2$$

최소값을 찾는 1계도 조건$^{First\ Order\ Condition}$은 다음과 같다.

$$F.O.C : \begin{cases} \dfrac{\partial \sum e_i^2}{\partial a} = 0 \\ \dfrac{\partial \sum e_i^2}{\partial b} = 0 \end{cases} \Rightarrow \begin{cases} -2\sum(Y_i - a - b X_i) = 0 \\ -2\sum(Y_i - a - b X_i)X_i = 0 \end{cases}$$

$$= \begin{cases} ①\ na + b\sum X_i = \sum Y_i \\ ②\ a\sum X_i + b\sum X_i^2 = \sum X_i Y_i \end{cases} (Normal\ Equation)$$

①번 식을 각각 a와 b에 대하여 정리해준다.

$$a = \frac{\sum Y_i - b\sum X_i}{n} = \frac{\sum Y_i}{n} - \frac{b\sum X_i}{n} = \bar{Y} - b\bar{X}$$

이를 Normal Equation ②에 대입하면,

$$(\bar{Y} - b\bar{X})\sum X_i + b\sum X_i^2 = \sum X_i Y_i$$
$$b(\sum X_i^2 - \bar{X}\sum X_i) = \sum X_i Y_i - \bar{Y}\sum X_i$$
$$b\left(\sum X_i^2 - \frac{1}{n}\sum X_i \sum X_i\right) = \sum X_i Y_i - \frac{1}{n}\sum Y_i \sum X_i$$
$$b(n\sum X_i^2 - (\sum X_i)^2) = n\sum X_i Y_i - \sum Y_i \sum X_i$$
$$b(n\sum X_i^2 - (\sum X_i)^2 + (\sum X_i)^2 - (\sum X_i)^2)$$
$$= n\sum X_i Y_i - \sum X_i \sum Y_i + \sum X_i \sum Y_i - \sum X_i \sum Y_i$$
$$b(n\sum X_i^2 - 2n\bar{X}\sum X_i + n^2\bar{X}^2) = n\sum X_i Y_i - n\bar{X}\sum Y_i - n\bar{Y}\sum X_i + n^2\bar{X}\bar{Y}$$
$$b(n\sum(X_i - \bar{X})^2) = n\sum(X_i - \bar{X})(Y_i - \bar{Y})$$
$$b = \frac{\sum(X_i - \bar{X})(Y_i - \bar{Y})}{\sum(X_i - \bar{X})^2}$$
$$= \frac{sample\ \mathrm{cov}(X, Y)}{sample\ var(X)}$$

03 | 소형주 팩터 (Size Factor)

소형주 효과는 왜 생겨나는가?

　　소형주 효과는 시가총액 기준 소형주 주식이 대형주 주식보다 장기적으로 수익률이 높다는 것이다. 이러한 현상은 롤프 반즈(Rolf W. Banz)의 논문[8]에서 최초로 밝혀졌으며, 이전에 언급한 대로 파마-프렌치의 논문을 통해 널리 알려졌다.

　　소형주가 대형주 대비 초과 성과를 기록하는 이유는 각 시장별 참여자의 차이에 있다. 소형주의 경우 애널리스트가 분석 보고서를 작성하는 경우가 매우 드물며, 기관이 매매를 하는 경우도 드물다.

　　[그림 3. 1]은 2016년 말 기준 전체 상장기업의 시가총액(Log값)과 애널리스트 추정치가 존재하는 기관수의 관계이다. 시가

---

[8] Rolf W. Banz,(1981), "The Relationship Between Market Value and Return of Common Stocks", Journal of Financial Economics, November.

총액이 클수록 추정이 존재하는 기관수가 많으며, 중소형주로 갈수록 추정수는 매우 작다. 따라서 소형주는 대부분 개인 투자자에 의해 거래되는 경우가 많으며, 종목에 대한 정보가 대형주에 비해 매우 부족하여 정보가 불확실한 비효율적 형태[9]로 남아 있을 가능성이 크다. 또한 유동성이 떨어지고[10], 상대적으로 재무적 위험이 높은 경향[11]이 있다. 효율적 시장 가설$^{Efficient\ Market\ Hypothesis}$ [12]에서는 이러한 소형주만의 체계적인 위험이 '위험 프리미엄$^{Risk\ Premium}$'으로 반영되어 더 높은 수익률을 보인다고 설명한다.

[그림 3. 1] 상장기업의 시가총액과 애널리스트 추정 기관수(2016년 말)

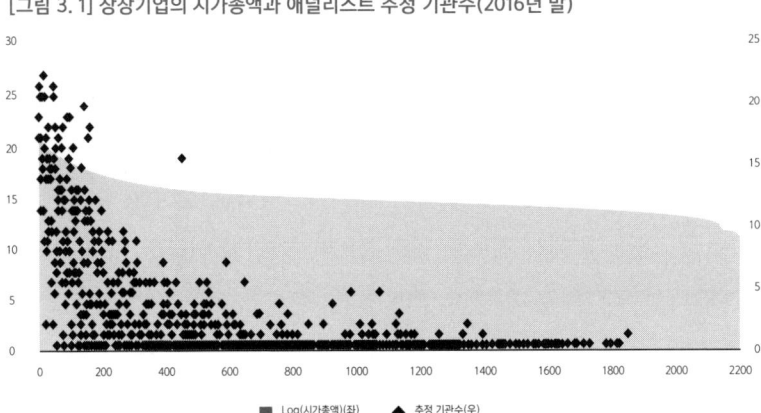

※ 출처 : Data Guide

---

9 Zhang, X.F.(2006). "Information Uncertainty and Stock Returns". Journal of Finance. 61(1): 15-136.
10 Amihud, Y.(2002). "Illiquidity and Stock Returns: Cross-section and Time-series Effects". Journal of Financial Markets. 5(1): 31-56.
11 Chan, K.C., and Chen, Nai-fu.(1991). "Structural and Return Characteristics of Small and Large Firms". Journal of Finance. 46: 1467-84.
12 Fama, Eugene.(1970). "Efficient Capital Markets: A Review of Theory and Empirical Work". Journal of Finance. 25(2): 383-417.

소형주 효과, 아직도 유효한가?

반면, 학계의 정설로 여겨지던 소형주 효과에 대한 의문이 최근 들어 지속적으로 제기되고 있다. 더 이상 소형주 효과가 존재하지 않거나 오히려 수익률과 역의 관계에 있다는 것이 그들의 주장이다. **[그림 3. 2]**는 1990년부터 2016년까지 세계 각 지역별 SMB 팩터의 누적 수익률을 나타낸 그래프이다. 그림에서 알 수 있듯이, SMB 팩터의 누적 수익률은 사실상 0에 가깝기도 하며, 심지어 음수를 보이기도 한다.

[그림 3. 2] 각 지역별 SMB 팩터 누적 수익률(1990~2016)

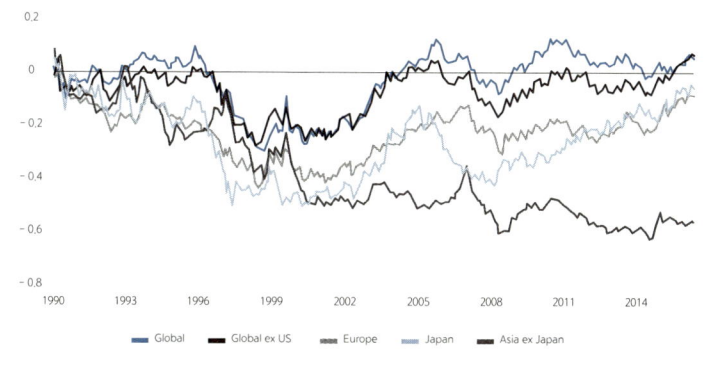

※ 출처: Kenneth R. French - Data Library[13]

이러한 현상은 국내도 예외가 아니다. **[그림 3. 3]**은 국내 SMB 팩터의 수익률 추이를 나타낸 그래프로써, 좀처럼 상승하지 못하는 모습이다. 이를 종합해 보면 소형주 효과는 더 이상 없거나 매우 약해진 것처럼 보인다.

---

13 http://mba.tuck.dartmouth.edu/pages/faculty/ken.french/data_library.html

[그림 3. 3] 한국 주식 시장 내 SMB 팩터 누적 수익률(1991~2016)

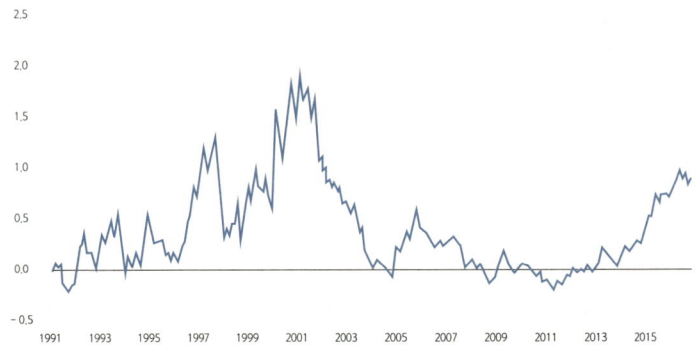

※ 출처 : DataGuide

소형주 효과, 여전히 유효하다

애스네스^{Asness}는 2014년 논문[14]을 통해 퀄리티주$^{Quality\ Stock}$가 불량주$^{Junk\ Stock}$ 대비 높은 수익을 내는 퀄리티 효과$^{QMJ\ :\ Quality\ Minus\ Junk}$를 발표했다. 이듬해 발표한 논문[15]에서는 대형주는 퀄리티주일 가능성이, 소형주는 불량주일 가능성이 높으며, QMJ를 통제한다면 소형주 효과는 여전히 유효함을 보였다. [그림 3. 4]의 A와 B는 1990년부터 2016년까지 세계 각 지역별 '소형 RMW – 대형 RMW'의 누적 수익률, 즉 퀄리티주 구성 팩터 중 핵심인 수익성 팩터[16]내 소형주 효과를 각각 시가총액가중과 동일가중 기준으로 나타낸 그래프이

---

14 Clifford S. Asness, Andrea Frazzini, Lasse Heje Pedersen.(2014). "Quality Minus Junk". AQR Capital.
15 Clifford S. Asness, Andrea Frazzini, Ronen Israel, Tobias J. Moskowitz, Lasse Heje Pedersen.(2015). "Size Matters, If You Control Your Junk". AQR Capital
16 파마--프렌치 Five Factor의 RMW(Robust Minus Weak : Operating profitability)를 사용했다.

다. 기존 **[그림 3. 2]**와 동일한 지역, 동일한 기간 동안, 단순 SMB 팩터 대비 월등한 수익률 개선이 있었다.

[그림 3. 4] 소형 RMW – 대형 RMW 누적 수익률(1990~2016)

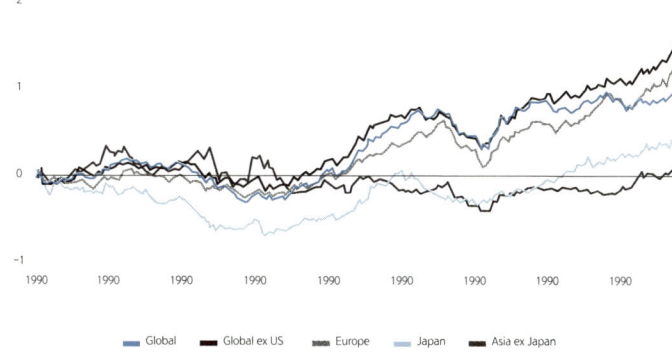

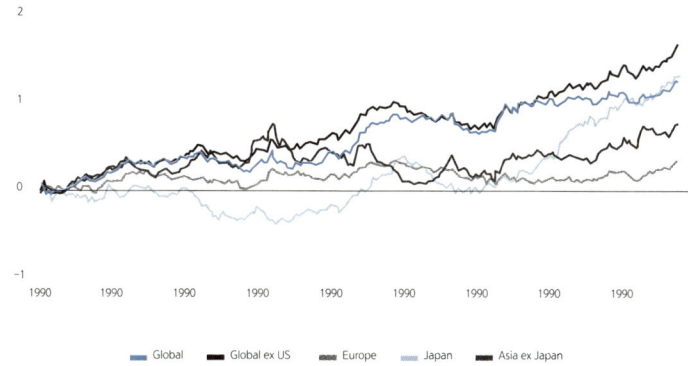

※ 출처 : Kenneth R. French – Data Library

이러한 현상은 QMJ나 RMW 팩터에만 국한되지 않는다. 3팩터의 SMB, HML를 되새겨 보면, 소형 가치주가 대형 가치주 대비 우수한 성과를 보여야 한다. **[그림 3. 6]**은 한국 시장 내 '소형 HML - 대형 HML', 즉 가치주 팩터 내 소형주 효과를 나타낸 그래프이며, 역시나 이러한 효과가 유효함을 보인다.

따라서 QMJ, HML 팩터와 같이 수익률에 긍정적 영향을 미치는 팩터를 찾은 후, 대형주보다는 중소형주에 해당 팩터를 적용하는 것이 장기적으로 높은 수익률을 얻는 방안일 것이다.

[그림 3. 6] 한국 주식 시장 내 소형 HML - 대형 HML 누적 수익률(1991~2016)

※ 출처 : DataGuide

> 부록

백테스팅 Back Testing 방법론

- **기간** : 2000년 1월부터 2016년 12월까지
- **유니버스(Universe : 투자 가능 대상 종목)** : 상장된 KOSPI 전체 종목(보통주)을 대상으로 하며 생존 편향Survivorship Bias을 없애기 위해 상장폐지 종목을 모두 고려함
- **제외 종목** : 리밸런싱Rebalancing 당시 거래정지 종목은 제외하며, 시장미시구조Market Microstructure의 문제를 피하기 위해 1,000원 이하의 종목은 제외함
- **주가** : 유/무상 증자, 액면 분할 등의 이벤트 시 발생하는 가격의 왜곡을 보정하기 위해 수정주가를 사용했으며, 배당을 감안했음
- **비용** : 수수료, 매매세금, 슬리피지 비용 등을 감안하여 35bp(0.35%)로 정함
- **리밸런싱 주기(포트폴리오 재구성 주기)** : 분기(1, 4, 7, 10월) 혹은 연간 리밸런싱
- **포트폴리오 비중** : 일반적으로 많이 사용하는 시가총액가중방식을 택하며, 특정 소수 종목의 시가총액이 지나치게 큰 국내 주식 시장 및 대부분 펀드에서 적용되는 개별주식의 투자 한도를 고려하여, 종목당 최대투자비중은 5%로 제한함
- **통계값** : 연간 수익률(산술 평균), 연간 수익률(기하 평균), 연율화 변동성, 샤프지수, 승률, 최대 손실율 및 파마-프렌치 3팩터 기준 초과 수익률Alpha, 시장베타MKT, SMB베타SMB, HML베타HML을 나타냈으며, 괄호 안의 값은 각각의 t-value를 의미함
- 3팩터 회귀분석에 필요한 MKT, SMB, HML는 파마-프렌치의 방법론에 따라 각각 다음과 같이 계산하며, 각각의 지수는 DataGuide를 통해 구함

MKT	종합주가지수(KOSPI) 월간 수익률 - 콜금리 월 환산 수익률
SMB	1/3(Small Value + Small Neutral + Small Growth) - 1/3(Big Value + Big Neutral + Big Growth)
HML	1/2(Small Value + Big Value) - 1/2(Small Growth + Big Growth)

04 저위험 팩터 (Low Risk Factor)

고위험 고수익에 대한 정면 도전, 저변동성 현상

로버트 호건$^{Robert\ A.\ Haugen}$의 논문[17]을 통해 저위험 주식이 장기적으로 높은 수익률을 얻을 수 있다는 가능성이 제기된 후, 미국 주식 시장[18]과 글로벌 주식 시장[19] 내 저변동성 주식이 상대적으로 고수익을 기록하는 이상현상이 여러 연구들을 통해 지속적으로 관찰되고 있다. 효율적 시장 가설과 CAPM 이후, 금융 시장의 기본 원칙으로 통하던 '고위험 고수익'과 정면으로 배치되는 결과이기에, 이러한 발견은 커다란 논란을 불러왔다.

---

17 Robert A. Haugen and A. James Heins.(1972). "On the Evidence Supporting the Existence of Risk Premiums in the Capital Market". Wisconsin working Paper. Dec. 1972.

18 Robert A. Haugen and Nardin Baker.(1991). "The Efficient Market Inefficiency of Capitalization-Weighted Stock Portfolios". Journal of Portfolio Management. vol. 17, No.1, pp. 35-40.

19 Blitz, David C., and Pim van Vliet.(2007). "The Volatility Effect: Lower Risk without Lower Return". Journal of Portfolio Management. vol. 34, No. 1, Fall 2007, pp. 102-113.

저변동성 이상현상$^{Low\ Volatility\ Anomaly}$이 발생하는 이유에는 여러 가설들이 있지만, 그중 행동재무학$^{Behavioral\ Finance\ 20}$ 관점의 복권 효과 $^{Lottery\ Effect}$가 가장 유명하다. 복권의 특성은 손실 확률이 매우 높지만 손실 폭 자체는 작고, 당첨 확률은 매우 낮지만 당첨 금액은 매우 크다. 투자자들은 대체로 자신의 능력을 과신하는 경향이 있으며, 복권과 같이 큰 수익을 가져다주는 고변동성 주식을 선호하는 경향이 있다.[21]

또한 저변동성 주식은 대체로 베타가 낮은 편이다. 대부분의 기관투자자들이 시가총액가중평균지수(한국의 경우 KOSPI)를 기준으로 평가 받는 상황에서, 벤치마크와의 추적 오차 문제로 인해 저베타 주식을 매수하지 않으며[22], 단기적으로 벤치마크 대비 높은 성과를 얻기 위해 고변동성 주식에 투자하는 경향이 있다. 이러한 투자자들의 행태로 인해 고변동성 주식은 고평가가 되고, 저변동성 주식은 저평가가 되어, 장기적으로 저변동성 주식의 수익률이 고변동성 주식 대비 높게 된다는 설명이다.

마지막으로 주식의 상승과 하락에 대한 비대칭성으로 인해 장기적으로 수익률의 격차가 벌어진다는 설명도 있다.[23] 시장 하락 시 저변동성 주식은 고변동성 주식 대비 하락폭이 훨씬 작고, 시장

---

20 인간의 제한적 합리성$^{Bounded\ Rationality}$으로 인해 발생하는 경제 현상을 연구하는 학문이다.

21 Brunnermeier, M. and J. Parker.(2005). "Optimal Expectations". American Economic Review. 95, pp. 1092-1118.

22 Baker, Malcolm, Brendan Bradley, and Jeffrey Wurgler.(2011). "Benchmarks as Limits to Arbitrage: Understanding the Low-Volatility Anomaly". Financial Analyst Journal. Vol. 67, No. 1, pp. 40-54.

23 Sefton, James, David Jessop, Giuliano De Rossi, Claire Jones, and Heran Zhang.(2011). "Low-risk Investing". UBS Investment Research.

상승 시 고변동성 주식 대비 상승폭이 작기는 하지만 이 차이는 그리 크지 않다. 따라서 시장이 상승과 하락을 반복함에 따라, 저변동성과 고변동성 주식의 수익률 차이가 점점 벌어지게 된다. 본 책에서는 해당 이론을 토대로 저변동성 팩터를 살펴보도록 하겠다.

수익과 손해의 비대칭성, 변동성 드래그

전통적인 금융 이론에서 위험은 대부분 변동성 지표(분산 혹은 표준편차)를 사용하며, 주식의 수익률은 정규분포를 따른다고 가정한다. [그림 4. 1]의 그래프를 통해 알 수 있듯이, 정규분포는 좌우가 대칭인 형태이다. 따라서, 위험을 표준편차로 사용할 경우 1 표준편차(σ)만큼 주식이 상승한 후, 다시 1 표준편차만큼 하락하면 원금이 된다는 가정을 한다. 이는 산술평균의 개념과도 같으며, 10% 상승 후 10% 하락했을 경우, 수익률은 $\frac{(+10\% - 10\%)}{2} = 0\%$ 가 된다는 가정이다.

그러나 현실에서의 손익은 이와 다르다. 원금 10,000원을 기준으로 10% 상승했을 경우 11,000원이 되지만, 다시 10% 하락했을 경우 원금보다 작은 값인 9,900원이 되어, 결과적으로 원금 대비 1% 손해를 보게 된다. 이는 실제 손익이 복리로 계산되기 때문이며, 산술평균이 아닌 기하평균을 사용해야 정확한 수익률을 계산할 수 있다. 위의 사례에서 기하평균을 사용하여 다시 계산하면 그 수익률은 $[(1 + 10\%) \times (1 - 10\%)]^{\frac{1}{2}} - 1 = -0.50\%$ 가 된다.

[그림 4. 1] 정규분포 그래프

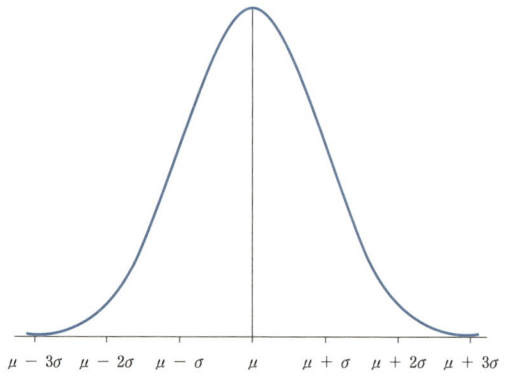

이러한 산술평균과 기하평균의 차이를 변동성 드래그^{Volatility} $^{Drag : 수익과 손해의 비대칭성}$라 하며, 그 정도는 대략 $\frac{1}{2}\sigma^2$로 계산된다. 따라서 변동성이 크면 클수록 Volatility Drag는 커지게 되며, 실제 복리 수익률을 반영하는 평균인 기하평균 값은 낮아지게 된다.

[그림 4. 2]는 복리 효과로 인한 Volatility Drag 효과를 나타낸 그래프로써, 변동성이 각각 5%, 10%, 15%, 20%, 25%인 주식이 상승과 하락을 반복하는 경우를 시뮬레이션 했다. 변동성이 클수록 처음 상승 시점에서 상승폭은 크지만, 다음 하락 시점에서 원금 대비 하락폭 또한 크게 된다. 상승과 하락이 반복될 경우 Volatility Drag 혹은 상승과 하락의 비대칭으로 인해 결과적으로 변동성이 작을수록 유리한 결과가 나오게 된다.

[그림 4. 2] 각 변동성에 따른 누적 수익률 그래프

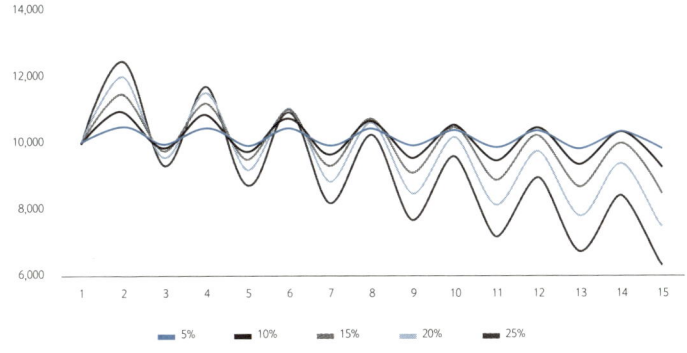

이러한 현상은 실제 투자에서도 나타난다. [그림 4. 3]은 2010년부터 2016년까지 KOSPI 200 내에서의 Volatility Drag 효과를 나타낸 그래프이다. 이 기간 동안 KOSPI 200지수는 17.20%가 상승한 반면, 2배 레버리지와 3배 레버리지는 각각 13.47%, -9.42%를 기록하여 지수 대비 2배, 3배가 상승하지 못했고, 오히려 지수 자체보다 못한 수익을 기록했다. 이는 레버리지로 인해 변동성이 증가했고, Volatility Drag 효과 또한 커졌기 때문이다.

[그림 4. 3] KOSPI 200의 Volatility Drag 효과(2010~2016)

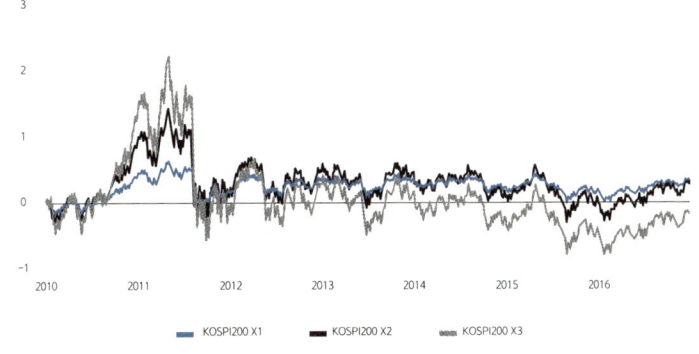

※ 출처 : DataGuide

한국 주식 시장 내 저변동성 효과

다음으로 실제 한국 주식 시장 내에서 저변동성 효과가 있는지 확인하기 위해 백테스트^{Backtest}를 실시한다. 2000년부터 2016년까지 KOSPI 종목을 대상으로, 과거 5년 기준(60개월) 월별 수익률의 표준편차를 매월 측정한다. 계산된 표준편차를 기준으로 매월 말 5개 포트폴리오를 나누며, 분기별로 포트폴리오를 리밸런싱한다. 상장 후 60개월이 되지 않는 종목은 투자 대상에서 제외한다.

예를 들어, 2000년 1월 초에는 1995년 1월~1999년 12월 수익률의 표준편차를 계산한 후 표준편차의 크기대로 5개 분위수로 나누어 포트폴리오(P1~P5)를 구성한다. 3개월 후인 2000년 4월 초에는 각 포트폴리오의 3개월(2000년 1월~2000년 3월) 수익률을 계산한 후, 1995년 4월~2000년 3월 수익률의 표준편차를 통해 다시 포트폴리오를 구성한다. 이러한 작업을 분기별로 반복한다.

[그림 4. 4]와 [표 4. 1]은 저변동성 포트폴리오의 백테스트 결과이다. 앞서 이론들과 동일하게, 실제 주식 시장에서도 저변동성 포트폴리오^{P1}일수록 장기적으로 높은 성과와 낮은 변동성을 기록하며, 고변동성 포트폴리오^{P5}는 매우 낮은 성과를 기록한다. 즉 고위험-고수익이라는 전통적 고정관념과는 다르게, 장기적으로는 저위험-고수익의 관계가 나타남이 확인된다.

[그림 4. 4] 변동성 포트폴리오 누적 수익률(2000~2016)

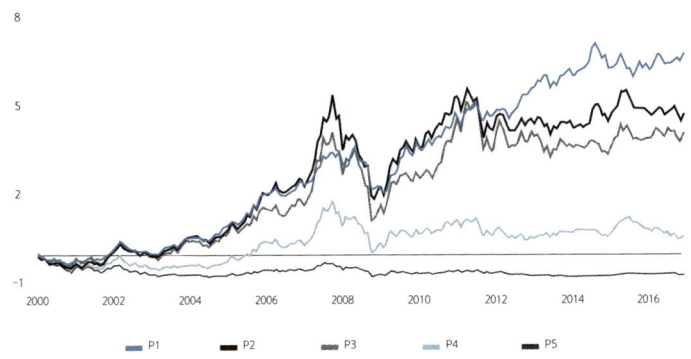

[표 4. 1] 변동성 포트폴리오 통계값

	연간 수익률 (산술)	연간 수익률 (기하)	연율화 변동성	샤프 지수	승률	최대 손실률
P1	13.11%	12.11%	18.13%	0.6679	60.78%	34.64%
P2	12.94%	10.18%	25.31%	0.4022	55.88%	54.62%
P3	13.35%	9.60%	28.85%	0.3327	54.41%	58.97%
P4	7.69%	2.18%	33.32%	0.0655	52.45%	67.28%
P5	-0.77%	-6.39%	34.01%	-0.1879	53.43%	76.16%

	월간 α	MKT	SMB	HML
P1	0.43% (2.491)	0.7306 (28.635)	0.0846 (2.884)	0.2836 (7.385)
P2	0.53% (2.607)	1.0618 (35.080)	0.0754 (2.169)	0.1528 (3.354)
P3	0.36% (1.455)	1.2044 (32.510)	0.161 (3.781)	0.2454 (4.400)
P4	-0.17% (-0.614)	1.4065 (33.409)	0.3833 (7.923)	0.2209 (3.486)
P5	-0.84% (-2.545)	1.3844 (28.219)	0.5461 (9.687)	0.1782 (2.414)

[그림 4. 5]는 고점 대비 저점까지의 하락을 의미하는 드로우다운(Drawdown : 고점 대비 지점까지의 하락) 그래프다. 변동성과 하락폭은 비례 관계를 보이며, 특히 고변동성 포트폴리오인 P4, P5 포트폴리오의 경우 하락폭이 지나치게 커, 대부분의 기간에서 직전의 고점을 회복하지 못하는 모습이다.

[그림 4. 5] 변동성 포트폴리오 Drawdown

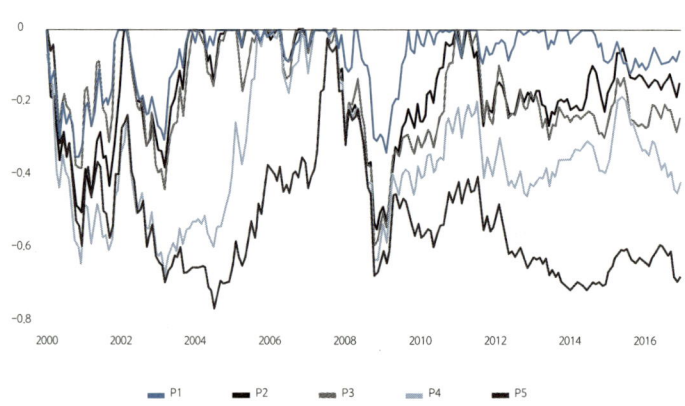

[그림 4. 6]은 KOSPI 수익률을 상승, 보합, 하락으로 구분[24]한 후, 각 시기별 변동성 포트폴리오의 평균 수익률을 나타낸 것이다. 상승장에서는 변동성이 클수록 수익이 높지만(P5의 경우 상승장에서도 낮은 수익률을 보임), 보합장과 하락장에서는 변동성이 작을수록 높은 수익을 보였다.

---

24 각 국면별 연도는 다음 표와 같다.

상승장	보합장	하락장
2001년, 2003년, 2004년, 2005년, 2007년, 2009년, 2010년	2006년, 2012년, 2013년, 2014년, 2015년, 2016년	2000년, 2002년, 2008년, 2011년

[그림 4. 6] 시장의 각 시기별 변동성 포트폴리오 수익률 비교

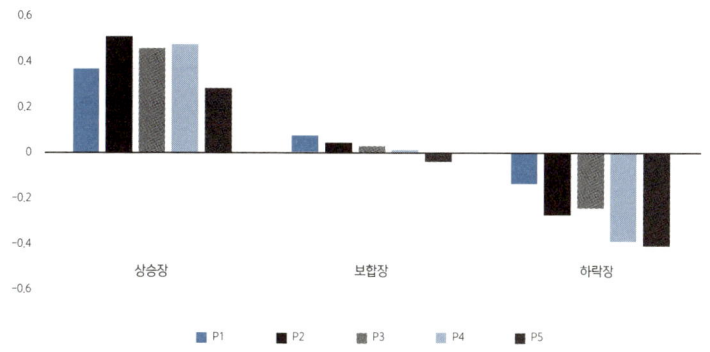

[**그림 4. 7**]과 [**표 4. 2**]는 앞서 살펴본 HML, SMB와 같이, 팩터 자체의 유의미성을 보기 위해 매월 '변동성 하위 30% 포트폴리오(저변동성) - 변동성 상위 30% 포트폴리오(고변동성)'를 누적한 결과값이다. 장기적으로 수익률이 상승하는 모습을 보이며, 저변동성 주식이 고변동성 주식 대비 우수한 성과를 보임이 확인된다. 3팩터 회귀분석 결과 소형주와는 강한 역의 관계를 보이며, 저변동성 주식의 경우 저베타 주식이 많이 분포되어 있으므로 시장베타와도 역의 관계를 보인다. 초과 수익률(월간 α)의 t-value를 보았을 때, 3팩터의 효과를 제외하고도 유의미한 초과 수익을 내는 것으로 확인된다.

[그림 4. 7] 저변동성 - 고변동성 포트폴리오 누적 수익률(2000~2016)

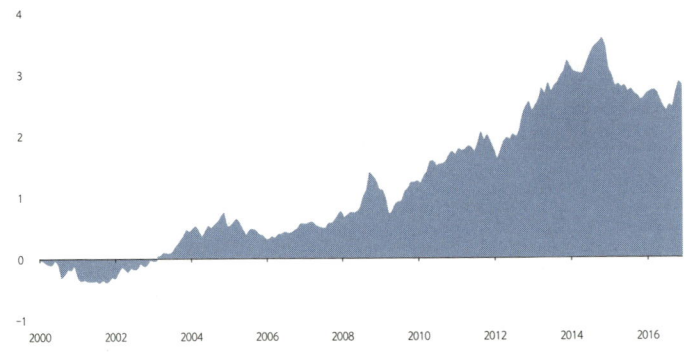

[표 4. 2] 저변동성 - 고변동성 포트폴리오 통계값

	연간 수익률 (산술)	연간 수익률 (기하)	연율화 변동성	샤프 지수	승률	최대 손실률
VOL	9.77%	8.23%	18.96%	0.4340	56.86%	41.07%

	월간 α	MKT	SMB	HML
VOL	0.86% (2.478)	-0.3237 (-6.343)	-0.4295 (-7.324)	0.0929 (1.209)

고유변동성 효과

위의 테스트에서는 단순히 주가 수익률의 변동성을 이용하여 테스트를 실시했다. 그러나 주식 수익률에 영향을 줄 수 있는 시장 효과 등의 다양한 변수들을 통제한 후의 고유변동성 Idiosyncratic Volatility 과 주식 수익률 간에도 유의미한 관계가 있는 것으로 알려져 있다.[25]

---

[25] Andrew Ang, Robert J. Hodrick, Yuhang Xing, Xiaoyan Zhang. (2009). "High Idiosyncratic Volatility and Low Returns: International and Further U.S. Evidence". JournalofFinancialEconomic.91,pp.1-23.

기업의 고유변동성을 구하는 법은 다음과 같다. 먼저 기업의 과거 일별 혹은 월별 수익률을 대상으로 파마–프렌치 3팩터 모델을 이용하여 회귀분석을 실시한 후, 각각의 팩터로 설명되지 않는 잔차를 기업의 고유수익 Idiosyncratic Return or Residual Return 으로 정의한다. 아래 식의 ε_1부터 ε_n까지가 기업의 고유수익이며, 이 값의 변동성이 기업의 고유변동성이다.

$$\begin{bmatrix} r_1 \\ r_2 \\ r_3 \\ \vdots \\ r_n \end{bmatrix} = \beta_i \begin{bmatrix} R_{m,1} - R_{f,1} \\ R_{m,2} - R_{f,2} \\ R_{m,3} - R_{f,3} \\ \vdots \\ R_{m,n} - R_{f,n} \end{bmatrix} + \beta_{SMB} \begin{bmatrix} R_{SMB,1} \\ R_{SMB,2} \\ R_{SMB,3} \\ \vdots \\ R_{SMB,n} \end{bmatrix} + \beta_{HML} \begin{bmatrix} R_{HML,1} \\ R_{HML,2} \\ R_{HML,3} \\ \vdots \\ R_{HML,n} \end{bmatrix} + \begin{bmatrix} \varepsilon_1 \\ \varepsilon_2 \\ \varepsilon_3 \\ \vdots \\ \varepsilon_n \end{bmatrix}$$

[그림 4. 8]과 [표 4. 3]은 과거 5년 월별 수익률을 기준으로 계산된 고유변동성 포트폴리오의 백테스트 결과이다. 앞서 변동성 포트폴리오와 마찬가지로, 고고유변동성 포트폴리오[P5] 대비 저고유변동성 포트폴리오[P1]가 높은 성과를 보임이 확인된다.

[표 4. 8] 고유변동성 포트폴리오 누적 수익률(2000~2016)

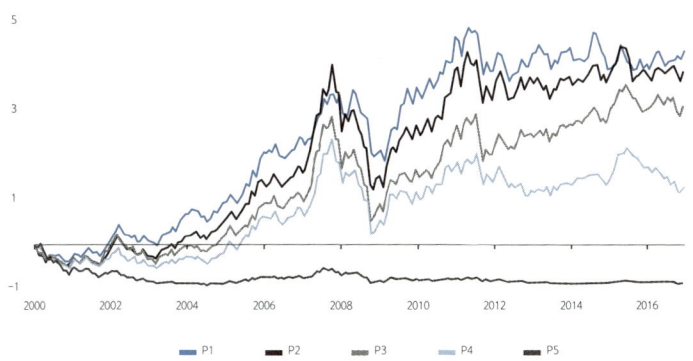

[표 4. 3] 고유변동성 포트폴리오 통계값

	연간 수익률 (산술)	연간 수익률 (기하)	연율화 변동성	샤프 지수	승률	최대 손실률
P1	12.06%	10.35%	20.93%	0.4946	56.37%	41.04%
P2	12.92%	9.84%	26.55%	0.3707	59.31%	54.78%
P3	12.47%	8.72%	28.62%	0.3049	57.84%	59.55%
P4	9.35%	4.98%	29.91%	0.1663	55.39%	62.24%
P5	-5.72%	-10.69%	32.88%	-0.3251	50.00%	89.16%

	월간 α	MKT	SMB	HML
P1	0.30% (1.753)	0.8647 (34.441)	0.047 (1.629)	0.2943 (7.788)
P2	0.66% (3.027)	1.1037 (34.039)	0.0411 (1.103)	0.0672 (1.377)
P3	0.29% (1.159)	1.2005 (32.723)	0.2148 (5.094)	0.2403 (4.353)
P4	-0.08% (-0.302)	1.2571 (32.869)	0.4429 (10.078)	0.2640 (4.586)
P5	-1.22% (-3.837)	1.3177 (28.015)	0.6599 (12.210)	0.1498 (2.117)

[그림 4. 9]와 [표 4. 4]는 '고유변동성 하위 30% 포트폴리오 - 고유변동성 상위 30% 포트폴리오'를 누적한 결과값이다. 기존 저변동성 팩터와 비슷한 결과값을 보인다.

[표 4. 9] 저 고유변동성 - 고 고유변동성 포트폴리오 누적 수익률(2000~2016)

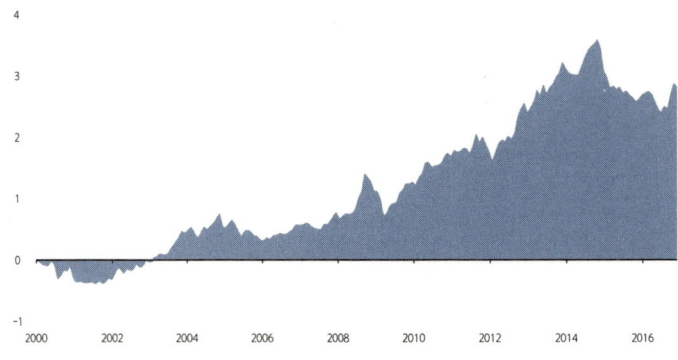

[표 4. 4] 저고유변동성 - 고고유변동성 포트폴리오 통계값

	연간 수익률 (산술)	연간 수익률 (기하)	연율화 변동성	샤프 지수	승률	최대 손실률
IVOL	9.74%	8.10%	19.37%	0.4183	57.35%	41.50%

	월간 α	MKT	SMB	HML
IVOL	0.87% (2.432)	-0.2167 (-4.109)	-0.4914 (-8.110)	0.0742 (0.934)

위에서 살펴본 바와 같이, 금융의 고정관념이던 '고위험 고수익'에 정면으로 배치되는 '저위험 고수익', 즉 저위험 효과$^{Low\ Risk\ Effect}$는 여전히 진행 중이며, 위험이 작은 주식을 매수하는 것이 장기적으로 높은 수익률을 얻을 수 있는 방법이다. 또한 포트폴리오의 변동성 자체를 줄이는 방법으로도 높은 수익률을 달성할 수 있으며, 이것이 바로 나중에 다룰 최소변동성 포트폴리오$^{Minimum\ Volatility\ Portfolio}$ 방법론이다.

> 부록

Volatility Drag의 증명

먼저, 각 기간별 수익률과 기하 수익률^{CAGR}의 관계는 다음과 같이 나타낼 수 있다.

$$(1+r_1) \times (1+r_2) \times (1+r_3) \times \cdots \times (1+r_t) = e^{\tilde{r}T}$$

이 중, $\tilde{r}$ 가 기하 수익률을 의미한다.

양변에 로그를 취해준 후, T로 나누면 다음과 같다.

$$\tilde{r}T = \log[(1+r_1) \times (1+r_2) \times \cdots \times (1+r_t)]$$
$$\tilde{r} = \frac{1}{T}[\log(1+r_1) + \log(1+r_2) + \cdots + \log(1+r_t)]$$
$$= \frac{1}{T}\left(\sum_{t=1}^{T} \log(1+r_t)\right)$$

테일러 시리즈의 기본 정리와, $\log(x+1)$의 테일러 시리즈는 아래와 같다.

$$f(x) = f(0) + f'(0)x + \frac{f''(0)}{2!}x^2 + \frac{f'''(0)}{3!}x^3 + \cdots + \frac{f^{(n)}(0)}{n!}x^n$$
$$f(x) = \log(x+1)$$
$$f'(x) = \frac{1}{x+1}$$
$$f''(x) = -\frac{1}{(x+1)^2}$$
$$\vdots$$
$$f^{(n)}(x) = (-1)^{n-1}\frac{(n-1)!}{(x+1)^n}$$
$$\log(x+1) \approx x - \frac{1}{2}x^2 + \frac{1}{3}x^3 - \frac{1}{4}x^4 + \cdots$$

위의 유도식에서 $\log(1+r_t)$ 부분을 테일러 시리즈로 정리하면 아래와 같이 정리가 된다.

$$\tilde{r} = \frac{1}{T}(\sum_{t=1}^{T}\log(1+r_t))$$
$$\approx \frac{1}{T}\sum_{t=1}^{T}(r_t - \frac{1}{2}r_t^2)$$
$$\approx \frac{1}{T}\sum_{t=1}^{T}r_t \; ^{①} - \frac{1}{T}\sum_{t=1}^{T}\frac{1}{2}r_t^2 \; ^{②}$$

위의 유도식에서 ①과 ②를 각각 나누어 생각해보도록 한다.

①번 식은 단순하게 산술평균을 의미한다.

$$① \; \frac{1}{T}\sum_{t=1}^{T}r_t = E(r_t)$$

②번 식에서, $E(r_t)$를 0으로 가정[26]한다면, 변형을 통해 분산으로 나타낼 수 있다.

$$② \text{ if we set } E(r_t) \text{ as } 0$$
$$\frac{1}{T}\sum_{t=1}^{T}\frac{1}{2}r_t^2$$
$$= \frac{1}{2}\sum_{t=1}^{T}\frac{[r_t - E(r_t)]^2}{T}$$
$$= \frac{1}{2}\sigma^2$$

이를 정리하면, 산술평균과 기하평균의 차이인 Volatility Drag는 0.5 × 분산의 관계로 표현된다.

$$\tilde{r} \approx E(r_t) - \frac{1}{2}\sigma^2$$
$$\text{and}$$
$$E(r_t) - \tilde{r} = \frac{1}{2}\sigma^2$$

---

26 실제로 일별 수익률의 평균은 0에 매우 가깝다.

05 모멘텀 팩터 (Momentum Factor)

효율적 시장 가설의 탄생

파마-프렌치의 파마는 박사학위 논문[27] 및 여러 연구들을 통해 '효율적 시장 가설'이라는 개념을 발표했다. 그는 연구에서 효율적인 시장에서는 금융자산의 가격이 모든 정보를 즉각 반영하여, 위험에 대한 보상 이외의 초과 수익을 얻는 것이 불가능하다고 주장했다. 이는 CAPM과 인덱스 펀드의 뼈대가 되었으며 '현대 재무이론의 아버지'라는 타이틀을 얻게 된 그는 2013년 노벨 경제학상을 수상했다.

효율적 시장 가설 이론에서 주가는 랜덤워크$^{Random\ Walk}$를 따른다고 본다. 랜덤워크는 흔히 다음의 수식으로 표현되며, 주가의 기대 수익률은 0이며[28], 예측이 불가능하다고 본다.

---

[27] Eugene F. Fama,(1965). "The Behavior of Stock-Market Prices". The Journal of Business. Vol. 38, No. 1(Jan., 1965), pp. 34-105.

[28] 난수^{Epsilon}는 평균이 0, 분산이 1인 표준정규분포를 따르므로, 기댓값은 0이다.

$$P_{t+1} = P_t + \varepsilon_{t+1}$$
$$E(P_{t+1} - P_t) = E(\varepsilon_{t+1}) = 0$$

효율적 시장 가설은 [그림 5. 1]과 같이 효율성의 정도에 따라 크게 3가지로 구분된다. 먼저 최하단에 있는 약형 효율적 시장 가설$^{Weak\ form\ Efficient\ market\ Hypothesis}$은 현재의 주가에 과거의 모든 시장 정보가 반영되어 있으므로, 과거의 주가를 통해 초과 수익을 얻을 수 없다고 본다.

준강형 효율적 시장 가설$^{Semi\text{-}strong\ form\ Efficient\ market\ Hypothesis}$은 현재의 주가에 과거의 시장 정보 및 공개된 모든 정보가 반영되어 있으므로, 과거의 주가, 회계자료, 애널리스트의 보고서 등을 통해 초과 수익을 얻을 수 없다고 본다. 강형 효율적 시장 가설$^{Strong\ form\ Efficient\ market\ Hypothesis}$은 공개적 정보뿐만 아니라 모든 내부 정보까지 주가에 반영되어 있으므로, 모든 정보를 활용해도 초과 수익을 얻을 수 없다고 본다.

즉 효율적 시장 내에서는 정량적, 정성적 중 어떠한 방법으로도 초과 수익을 얻을 수 없으며, 알파를 추구하기 위해 노력하기보다는 지수에 투자하는 것이 훨씬 합리적이라는 패시브 투자$^{Passive\ Investing}$를 낳게 되었다.

[그림 5.1] 효율적 시장 가설

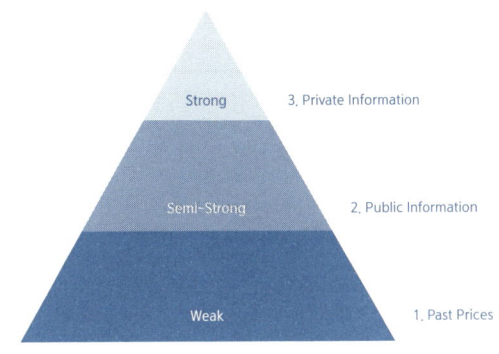

효율성에 대한 반증, 모멘텀 효과

모멘텀^{Momentum}이란 본래 물리학 용어로써, 물체가 한 방향으로 지속적으로 변동하려는 경향을 나타낸다. 주식에서는 주가 혹은 이익^{Earnings}의 추세로써, 상승 추세의 주식은 지속적으로 상승하며, 하락 추세의 주식은 지속적으로 하락하는 현상을 일컫는다.

모멘텀 현상은 과거의 정보로는 초과 수익을 낼 수 없다는 효율적 시장 가설과 정면으로 배치되는 현상이며, 체계적 위험으로 수익률을 설명하던 전통 가격결정이론^{Asset Pricing Theory}으로는 설명이 되지 않아 시장 효율성에 대한 대표적 반증으로 여겨진다. 모멘텀 현상을 설명하는 이론은 굉장히 많지만, 대부분 행동경제학^{Behavioral Economics} 관점으로 설명된다. 투자자들이 새로운 정보에 반응하는 과정에서 나타나는 심리적 왜곡으로 인해 모멘텀 현상이 생긴다는 것이다.

합리적이고 이성적인 투자자라는 경제학의 기본 가정과는 달리, 투자자들은 자신에 대한 과잉신뢰^{Overconfidence}로 인해 자신의 판단을 지지하는 정보에 대해서는 과잉반응^{Overreaction}을, 자신의 판단을 부정하는 정보에 대해서는 과소반응^{Underreaction}하는 경향이 있다. 이러한 투자자들의 비합리성으로 인해 이익 모멘텀$^{Earnings\ Momentum}$ 및 가격 모멘텀$^{Price\ Momentum}$이 생긴다고 본다.

이익 모멘텀: 주가는 이익을 '느리게' 반영한다

효율적 시장에서는 실적 혹은 기업과 관련된 정보가 주가에 즉각 반영된다고 본다. 따라서 어닝 서프라이즈$^{Earning\ Surprise\ :\ 시장의\ 기대치보다\ 기업의\ 실적이\ 높게\ 발표되는\ 것}$를 기록하는 기업도 실적 발표 당일 혹은 며칠 안에 주가가 상승하여 이러한 정보를 모두 반영해야 한다. 그러나 현실에서는 실적 정보가 주가에 즉각 반영되기보다는 시차를 두고 서서히 반영되며, 이에 따라 주가가 상승하는 현상을 이익 모멘텀이라 한다.

이익 모멘텀의 대표적인 예가 **[그림 5. 2]**에 나타난 PEAD$^{Post\ Earnings\ Announcement\ Drift}$이다(혹은 표준화 비기대이익 효과$^{SUE\ effect\ :\ Standardized\ Unexpected\ Earnings\ effect}$라고도 불린다). X축의 0은 실적 발표 당일이며, (-)는 실적 발표 전일을, (+)는 실적 발표 후를 의미한다. Y축의 왼쪽은 누적 초과 수익률을 의미하며, 오른쪽은 어닝 서프라이즈에 따른 분위수를 나타낸 것으로, 숫자가 높을수록 서프라이즈 정도가 높음을 의미한다. 그림에서 알 수 있듯이 실적이 발표되기 전부터, 어닝 서프라이즈 비율에 따라 주가가 상승 혹은 하락하기 시작한다. 발표 후에도 이러한 현상은 계속 이어져, 서프라이즈를 기록한 기업의 주가는 지속적으로 상승하며, 그렇지 못한 기업의 주가는 지속적으로 하락한다. 이는 시장이 정보를 즉각적으로 반영하지 않는, 즉 완벽하게 효율적이지 않다는 것을 의미하며, 실적 발표에 대해 굉장히 과소반응함을 알 수 있다.

[그림 5. 2] 어닝 서프라이즈에 따른 누적 초과 수익률

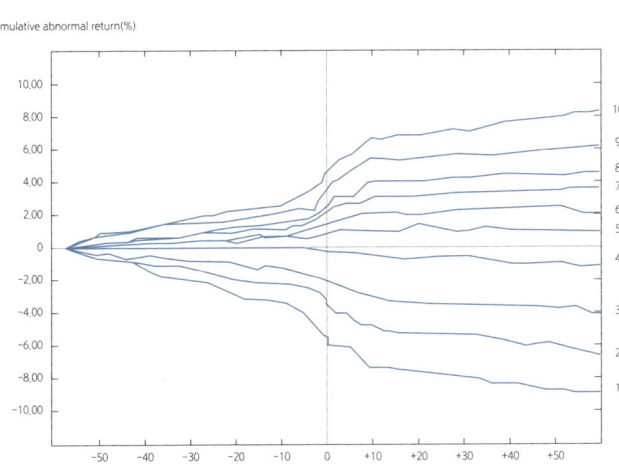

※ 출처 : R.J. Rendleman Jr., C. P. Jones, and H. A. Latane[29]

이익 모멘텀은 실제 발표된 '어닝 서프라이즈'가 아닌, 애널리스트들의 예측치 수정Revision에서도 나타난다.[30] 애널리스트들이

---

29 R.J. Rendleman Jr., C. P. Jones, and H. A. Latane.(1982). "Empirical Anomalies Based on Unexpected Earnings and the Importance of Risk Adjustments". Journal of Financial Economics. Volume 10, Issue 3, November 1982, Pages 269-287.

30 Givoly, Dan, and Josef Lakonishok.(1979). "The Information Content of Financial Analysts' Forecasts of Earnings: Some Evidence on Semi-strong Inefficiency". Journal of Accounting and Economics. 1, 165-185

미래 주당순이익^{EPS : Earnings Per Share} 예측치를 기존 대비 높게 수정할수록(낮게 수정할수록), 주가는 점차 상승(하락)하는 현상이 나타난다.

이익 모멘텀은 크게 표준화 비기대이익, 누적 초과 수익률^{CAR : Cumulative Abnormal Return}, 이익 수정^{REV : Earning Revision}으로 측정된다. 먼저 t 시점의 개별 주식 i의 표준화 비기대이익은 아래와 같이 측정된다.

$$SUE_{i,t} = \frac{e_{i,q} - e_{i,q-4}}{\sigma_{i,t}}$$

$e_{i,q}$는 가장 최근에 발표된 기업의 분기 주당순이익^{Quarterly EPS}이며, $e_{i,q-4}$는 4분기 전의 분기 주당순이익이다. 즉 분자 부분은 과거 대비 현재 주당순이익의 상승폭을 의미하며, 이는 비기대이익을 의미한다. 이를 표준화해주기 위해 분모 부분으로 나누어 주며, $\sigma_{i,t}$는 과거 8분기 동안 비기대이익($e_{i,q} - e_{i,q-4}$)의 표준편차이다. SUE를 정의하는 사람마다 약간의 수식 차이는 있지만, 어닝 서프라이즈의 표준화를 의미한다는 점은 같다.

t시점의 누적 초과 수익률^{CAR or ABR}은 아래와 같이 측정된다.

$$ABR_{i,t} = \sum_{j=-2}^{+1} (r_{i,j} - r_{m,j})$$

$r_{i,j}$는 j일($j = 0$은 최근의 이익 발표일) 주식의 수익률을,

$r_{m,j}$은 j일 동일가중지수[31]의 수익률을 의미한다. 즉 누적 초과 수익률은 이익 발표일 기준 2일 전부터 1일 후까지, 동일가중지수 대비 개별주식의 초과 수익률의 합을 의미한다. 마지막으로 이익 수정은 아래와 같이 측정된다.

$$REV6_{i,t} = \sum_{j=0}^{5} \frac{f_{i,t-j} - f_{i,t-j-1}}{p_{i,t-j-1}}$$

$f_{i,t}$는 t시점 FY1(해당 시점에서 향후 발표될 추정 첫째 연도)의 개별 기업 이익에 대한 애널리스트들의 추정치의 평균이며, $f_{i,t-j} - f_{i,t-j-1}$은 전월 대비 추정 평균의 증감을 의미한다. $p_{i,t-j-1}$는 전월 주가를 의미하며, REV은 결국 추정 평균의 증감을 전월 주가로 나타낸 값이다. 그러나 애널리스트들이 추정치를 수정하지 않는 월의 경우 해당 값은 0이 되어 REV의 변동성이 심해진다. 이런 문제를 해결하기 위해, 과거 6개월 REV의 이동평균 Moving Average을 사용한다.

[표 5. 1]은 1977년부터 1993년까지 미국 시장 내 이익 모멘텀의 수익률이다. SUE, ABR, REV값들을 측정한 후 P1은 측정된 값이 가장 낮은 포트폴리오, P10은 측정된 값이 가장 높은 포트폴리오이다. 해당 값이 높을수록 포트폴리오를 구성한 후 수익률(6개월, 12개월, 24개월) 또한 높다.

---

31 일반적인 시장지수가 시가총액비중으로 계산되는 반면, 동일가중지수는 전 종목에 동일한 비중을 부여하여 계산된다. KOSPI 200의 경우도 KOSPI 200 동일가중지수가 존재하며, 200개 기업에 동일한 비중(1/200 = 0.5%)을 부여하여 계산된다.

[표 5. 1] 미국 주식 시장 내 이익 모멘텀 효과(1977~1993)

	P1	P2	P3	P4	P5	P6	P7	P8	P9	P10
A. Standardized Unexpected Earnings										
6개월	0.051	0.063	0.081	0.091	0.105	0.114	0.114	0.115	0.119	0.119
12개월	0.138	0.160	0.193	0.205	0.225	0.232	0.227	0.226	0.225	0.213
24개월	0.169	0.183	0.194	0.212	0.218	0.215	0.218	0.211	0.204	0.180
B. Abnormal Return										
6개월	0.063	0.077	0.088	0.093	0.094	0.099	0.099	0.101	0.111	0.122
12개월	0.155	0.174	0.183	0.194	0.198	0.208	0.208	0.212	0.221	0.238
24개월	0.186	0.190	0.185	0.192	0.197	0.198	0.199	0.196	0.205	0.207
C. Earning Revision										
6개월	0.046	0.070	0.072	0.079	0.083	0.082	0.087	0.106	0.166	0.123
12개월	0.132	0.159	0.164	0.171	0.177	0.174	0.177	0.203	0.216	0.229
24개월	0.159	0.180	0.178	0.187	0.180	0.171	0.178	0.175	0.188	0.214

※ 출처 : Jegadeesh and Lakonishok.(1996). "Momentum Strategies".[32]

그러나 이익 모멘텀을 이용하여 포트폴리오를 구성할 경우 다음과 같은 문제가 있다. 먼저, 이익이 발표되는 시점이 기업별로 다르므로, 특정 시점(월말)에 리밸런싱을 한다는 기존의 테스트 방법론을 취할 경우 실적 발표 이후 포트폴리오 편입 시까지 시차가 존재하여 어닝 서프라이즈로 인한 초기 주가 상승 효과를 누릴 수 없다. 또한 애널리스트 추정치가 모든 기업에 존재하는 것이 아니므로 투자 유니버스가 대형주 위주로 제약이 된다. [그림 5. 3]에서 알 수 있듯이 상대적으로 대형주가 많은 KOSPI 200에서조차 추정

---

32 Louis K. C. Chan, Narasimhan Jegadeesh, and Josef Lakonishok.(1996). "Momentum Strategies". Journal of Finance. Vol 51, No.5, pp. 1681~1713.

치가 존재하는 종목의 비율이 60~80% 정도이다. 데이터를 구하기도 힘들며 신뢰도에 대한 문제도 생긴다. 따라서 모멘텀의 경우 다음 장에서 살펴볼 가격 모멘텀을 일반적으로 사용한다.

[그림 5. 3] KOSPI 200 종목 중 애널리스트 추정치 존재 종목 비율(2001~2016)

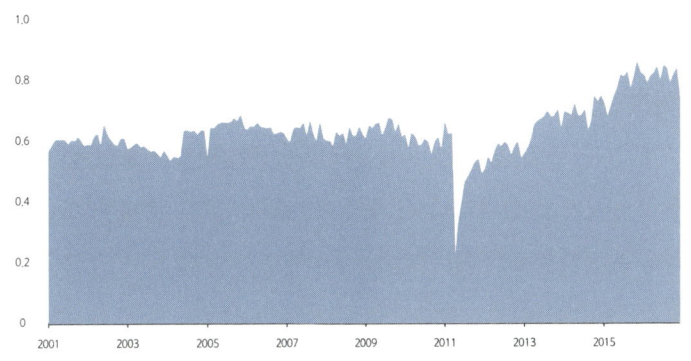

※ 출처 : DataGuide

가격 모멘텀 : 달리는 말에 올라타라

약형 효율적 시장 가설에서는 현재의 주가에 과거의 모든 시장 정보가 반영되어 있으므로, 과거의 수익률을 통해 미래의 수익률을 예측하는 것이 불가능하다고 본다. 즉 자기회귀모형$^{Autoregressive\ model}$에서 ϕ가 0이라고 가정한다.

$$r_{i,t} = E(r_{i,t}) + \phi r_{i,t-1} + \varepsilon_{i,t}$$

그러나 실제 시장에서는 과거 수익률이 미래 수익률에 영향을 미치는 현상이 지속적으로 발견되며, 이를 가격 모멘텀이라 한다. 가격 모멘텀은 크게 단기$^{Short\ Term}$, 중기$^{Medium\ Term}$, 장기$^{Long\ Term}$로 나뉜다.

먼저 단기 모멘텀이란, 최근 한 주[33] 혹은 1개월[34] 수익률과 차기 수익률의 관계인 ϕ가 음수로써, 과거의 단기 수익률이 높을(낮을)수록 차월 수익률이 낮은(높은) 현상이다. 이를 흔히 단기 수익률 반전$^{Short\ Term\ Return\ Reversal}$ 현상이라 한다. 장기 모멘텀이란 과거 3~5년 수익률이 낮았던 종목으로 구성된 저성과 포트폴리오$^{Loser\ Portfolio}$가 수익률이 높았던 종목으로 구성된 고성과 포트폴리오$^{Winner\ Portfolio}$ 대비 향후 성과가 높은 현상[35]으로써, 장기 수익률 또한 반전 현상을 보인다.

[그림 5. 4] 장기 수익률 반전 현상(1933~1982)

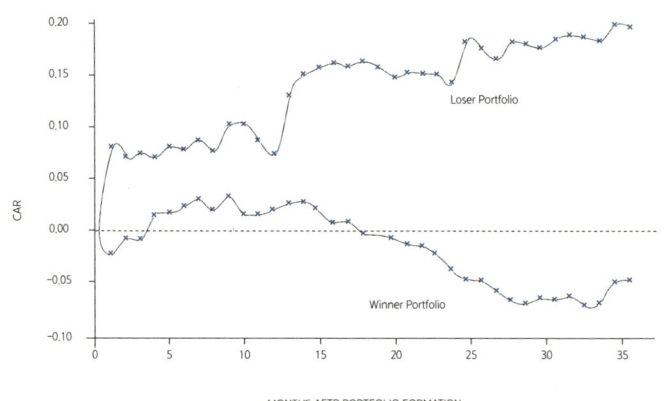

※ 출처 : DeBondt, Werner F.M., Thaler. "Does the stock market overreact?"

---

33 Lehmann, Bruce N.(1990). "Fads, Martingales, and Market Efficiency". Quarterly Journal of Economics. 60. pp. 1-28.
34 Narasimhan Jegadeesh.(1990). "Evidence of Predictable Behavior of Security Returns". Journal of Finance. 45. pp. 881-898.
35 DeBondt, Werner F.M., and Richard H. Thaler.(1985). "Does the Stock Market Overreact?". Journal of Finance. No.40. pp. 793-805.

그러나 일반적으로 알려진 모멘텀 전략은 중기 모멘텀으로, 과거 3~12개월 수익률이 높았던 종목이 향후에도 지속적으로 상승하는 현상[36]을 말한다. 이는 추세추종 Trend Following 이라고도 불리며, 투자에서 가장 많이 사용되는 전략 중 하나이다.

한국 주식 시장 내 모멘텀 효과

모멘텀은 크게 시계열 모멘텀 Time Series Momentum 과 횡단면 모멘텀 Cross Sectional Momentum 으로 나뉜다. 시계열 모멘텀이란 과거 누적 수익률을 기준으로 수익률이 0보다 크면 Winner 포트폴리오, 0보다 작으면 Loser 포트폴리오로 구분된다. 이는 0이라는 절대적 기준으로 포트폴리오를 나누는 방법으로, 절대 모멘텀 Absolute Momentum 이라고도 한다. 반면 횡단면 모멘텀이란 과거 누적 수익률이 높은 순대로 분위수를 나누어, 기존의 테스트와 같이 분위수별 수익률을 구한다. 이는 종목 간 상대적 기준으로 포트폴리오를 나누는 방법으로, 상대 모멘텀 Relative Momentum 이라고도 한다.

실제 한국 주식 시장 내에서 모멘텀 효과가 있는지 확인하기 위해 백테스트를 실시하며, 먼저 시계열 모멘텀에 대한 테스트를 진행한다. 2000년부터 2016년까지 KOSPI 종목을 대상으로 최근 1개월을 제외한 과거 12개월 수익률(12-1M)을 매월 측정한 후 분기별로 포트폴리오를 리밸런싱한다. 최근 1개월을 제외하는 이유는, 단

---

[36] Narasimhan Jegadeesh and Sheridan Titman,(1993), "Return to Buying Winners and Selling Losers: Implication for Stock Market Efficiency", Journal of Finance, No.48, pp. 65–91.

기 모멘텀의 수익률 반전 현상과의 중첩을 피하고 순수하게 과거 수익률에 따른 미래 수익률의 상승 효과만을 테스트하기 위함이다.[37]

[그림 5. 5]와 [표 5. 2]는 시계열 모멘텀의 백테스트 결과이다. 과거 수익률이 (+)인 종목은 지속적으로 상승하며, (-)인 종목은 거의 상승하지 못함을 알 수 있다.

[그림 5. 5] 시계열 모멘텀 포트폴리오 누적 수익률(2000~2016)

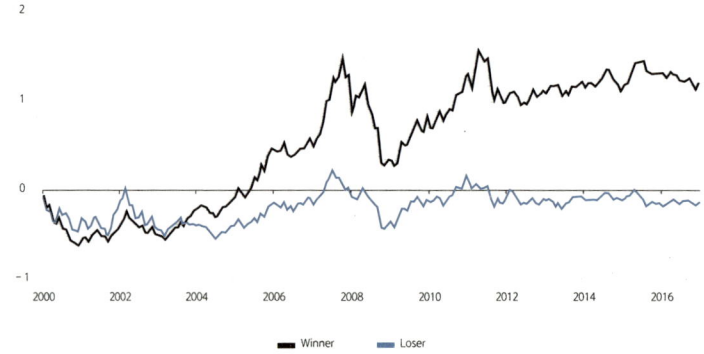

[표 5. 2] 시계열 모멘텀 포트폴리오 통계값

	연간 수익률 (산술)	연간 수익률 (기하)	연율화 변동성	샤프 지수	승률	최대 손실률
Winner	7.27%	4.75%	22.70%	0.2093	56.86%	61.13%
Loser	2.44%	-0.84%	25.62%	-0.0329	52.94%	54.05%

	월간 α	MKT	SMB	HML
Winner	0.17% (0.947)	0.9539 (35.325)	0.0730 (2.354)	0.1010 (2.486)

---

37 최근 1개월의 제외 여부가 테스트 결과에 크게 영향을 미치지는 않으며, 많은 학술 논문에서도 강건성(robustness)을 위하여 최근 1개월 수익률을 제외한 12-1M으로 모멘텀을 테스트한다.

	월간 α	MKT	SMB	HML
Loser	−0.39% (−1.727)	1.0643 (31.803)	0.1210 (3.147)	0.1773 (3.521)

Winner 포트폴리오와 Loser 포트폴리오 간의 차이는 Drawdown에서 확연히 갈린다. [그림 5. 6]은 각 포트폴리오의 누적 Drawdown을 나타낸 것으로써, 시장의 충격이 있은 후 Loser 포트폴리오는 하락폭을 회복하지 못하는 모습을 보이는 반면, Winner 포트폴리오는 빠르게 하락을 회복하는 모습을 보인다.

[그림 5. 6] 시계열 모멘텀 포트폴리오 Drawdown(2000~2016)

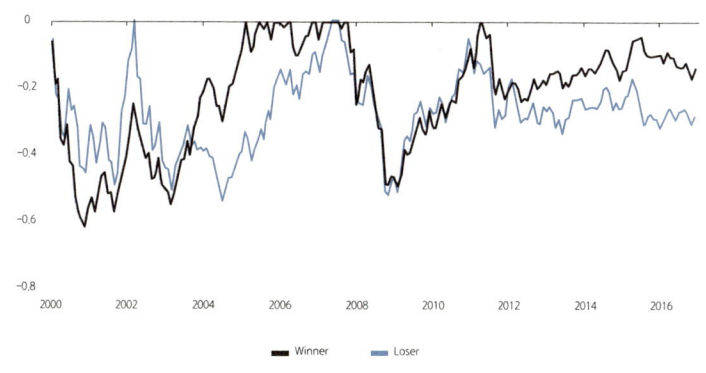

이번에는 횡단면 모멘텀에 대한 테스트를 진행한다. 2000년부터 2016년까지 KOSPI 종목을 대상으로 최근 1개월을 제외한 과거 12개월 수익률(12-1M)을 매월 측정한 후 누적 수익률의 크기대로 5개 분위수로 나누어 포트폴리오를 구성하며, 분기별로 포트폴리오를 리밸런싱한다.

[그림 5. 7]과 [표 5. 3]은 횡단면 모멘텀 포트폴리오의 백테

스트 결과이다. 이 역시 과거 수익률이 높을수록 미래 수익률도 높은 결과를 보인다.

[그림 5. 7] 횡단면 모멘텀 포트폴리오 누적 수익률(2000~2016)

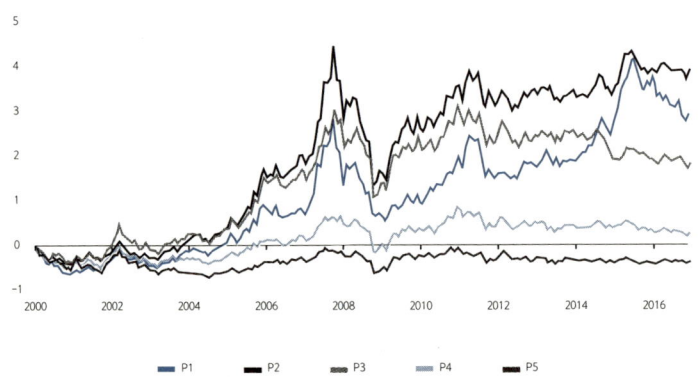

[표 5. 3] 횡단면 모멘텀 포트폴리오 통계값

	연간 수익률 (산술)	연간 수익률 (기하)	연율화 변동성	샤프 지수	승률	최대 손실률
P1	11.97%	8.35%	28.01%	0.2980	56.86%	64.86%
P2	12.23%	9.83%	23.61%	0.4165	57.84%	57.10%
P3	9.06%	6.36%	24.03%	0.2644	55.39%	47.54%
P4	4.63%	1.25%	25.95%	0.0483	52.45%	53.68%
P5	2.19%	-2.76%	31.60%	-0.0873	50.00%	70.82%

	월간 α	MKT	SMB	HML
P1	0.34% (1.084)	1.0935 (23.330)	0.1659 (3.080)	0.2035 (2.885)
P2	0.43% (1.961)	0.9704 (29.823)	0.1181 (3.158)	0.1895 (3.869)
P3	0.08% (0.344)	0.9970 (30.864)	0.1694 (4.563)	0.2362 (4.858)
P4	-0.28% (-1.258)	1.0838 (32.436)	0.1533 (3.991)	0.2179 (4.332)

	월간 α	MKT	SMB	HML
P5	−0.45% (−1.411)	1.2879 (27.598)	0.3045 (5.679)	0.1333 (1.898)

[그림 5. 8]과 [표 5. 4]는 횡단면 모멘텀 팩터의 유의미성을 보기 위해 매월 '과거 수익률 상위 30% 포트폴리오 − 과거 수익률 하위 30% 포트폴리오'를 누적한 결과값이다. 장기적으로 수익률이 상승하는 모습을 보이며, 과거 수익률이 높은 종목이 낮은 종목 대비 우월한 성과를 보인다. 모멘텀 팩터는 보통 UMD$^{\text{Up Minus Down}}$로 알려져 있으며, 기존 파마−프렌치의 3팩터 모델에 추가된 Carhart's 4팩터 모델[38]으로 이미 널리 인정받고 있다.

$$R_i = R_f + \beta_i \times [R_m - R_f] + \beta_{SMB} \times SMB + \beta_{HML} \times HML + \beta_{UMD} \times UMD$$

[그림 5. 8] 고모멘텀 − 저모멘텀 포트폴리오 누적 수익률(2000~2016)

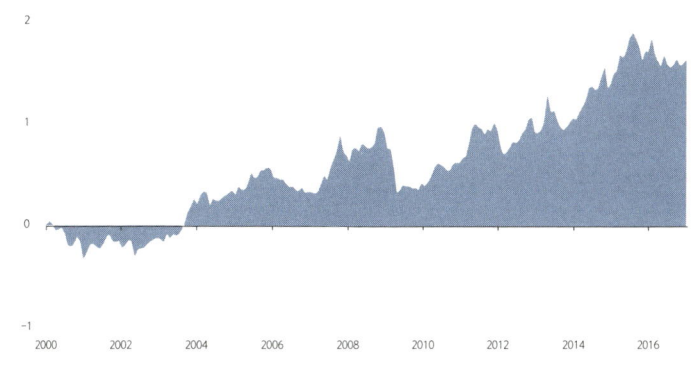

---

38 Carhart, M. M.(1997). "On Persistence of Mutual Fund Performance". The Journal of Finance. pp. 57–82.

[표 5. 4] 고모멘텀 - 저모멘텀 포트폴리오 통계값

	연간 수익률 (산술)	연간 수익률 (기하)	연율화 변동성	샤프 지수	승률	최대 손실률
UMD	7.19%	5.87%	17.00%	0.3454	58.33%	35.37%

	월간 α	MKT	SMB	HML
UMD	0.58% (1.577)	-0.0937 (-1.722)	-0.0931 (-1.490)	0.0418 (0.511)

듀얼 모멘텀 : 시계열 모멘텀 X 횡단면 모멘텀

시계열 모멘텀과 횡단면 모멘텀을 통해, 과거 수익률과 미래 수익률이 연관되어 있음이 확인된다. 듀얼 모멘텀$^{Dual\ Momentum}$은 두 전략의 장점을 함께 고려하는 전략이다. 듀얼 모멘텀 기준 Winner 포트폴리오는 횡단면 모멘텀 기준 상위 30% 종목 중 과거 수익률이 0 이상인 종목들로 구성된 포트폴리오다. 반면 듀얼 모멘텀 기준 Loser 포트폴리오는 횡단면 모멘텀 기준 하위 30% 종목 중 과거 수익률이 0 미만인 종목들로 구성된 포트폴리오다.

[그림 5. 9] 듀얼 모멘텀의 구성

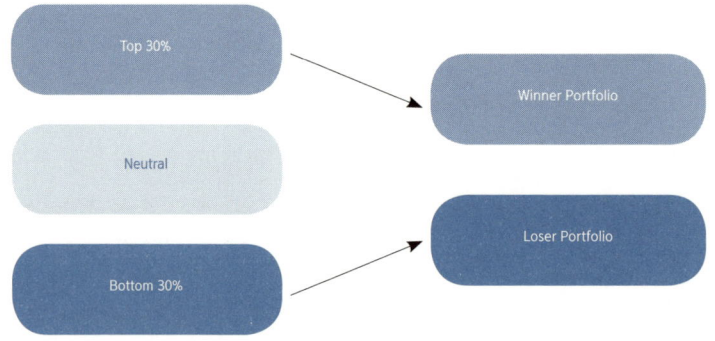

[그림 5. 10]과 [표 5. 5]는 위에서 구성된 듀얼 모멘텀 기준 Winner 포트폴리오와 Loser 포트폴리오의 수익률이며, [그림 5. 11] 및 [표 5. 6]은 Winner-Loser 포트폴리오의 결과 값이다. 듀얼 모멘텀 역시 장기간 수익률이 상승하는 모습을 보이지만, 횡단면 모멘텀의 UMD 대비 다소 낮은 성과를 보임이 확인된다.

[그림 5. 10] 듀얼 모멘텀 포트폴리오 누적 수익률(2000~2016)

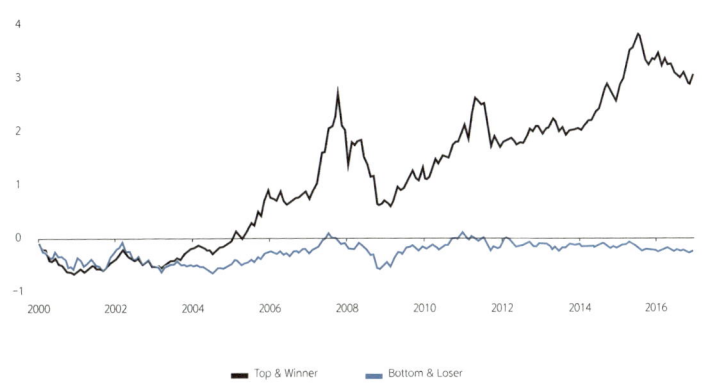

[표 5. 5] 듀얼 모멘텀 포트폴리오 통계값

	연간 수익률 (산술)	연간 수익률 (기하)	연율화 변동성	샤프 지수	승률	최대 손실률
Top & W	11.74%	8.59%	26.28%	0.3268	57.35%	63.72%
Bottom & L	2.93%	-1.57%	30.20%	-0.0521	50.00%	61.44%

	월간 α	MKT	SMB	HML
Top & W	0.43% (1.574)	1.0537 (26.387)	0.1165 (2.540)	0.1541 (2.563)
Bottom & L	-0.35% (-1.209)	1.2414 (29.370)	0.1841 (3.791)	0.1352 (2.126)

[그림 5. 11] 듀얼 모멘텀 Winner - Loser 누적 수익률(2000~2016)

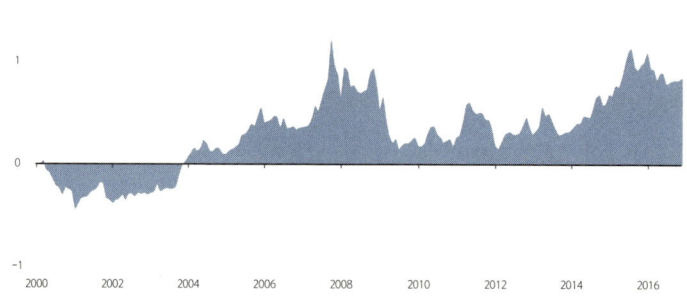

[표 5. 6] 기존 모멘텀 및 듀얼 모멘텀 팩터 통계값

	연간 수익률 (산술)	연간 수익률 (기하)	연율화 변동성	샤프 지수	승률	최대 손실률
UMD	7.19%	5.87%	17.00%	0.3454	58.33%	35.37%
DUAL UMD	6.03%	3.73%	21.60%	0.1729	58.82%	48.20%

	월간 α	MKT	SMB	HML
UMD	0.58% (1.577)	-0.0937 (-1.722)	-0.0931 (-1.490)	0.0418 (0.511)
DUAL UMD	0.53% (1.149)	-0.1882 (-2.741)	-0.0684 (-0.867)	0.0222 (0.215)

고유수익 모멘텀

 기존 가격 모멘텀의 경우 바로 관찰이 가능한 시장 가격을 이용하여 모멘텀을 계산한다. 즉 12개월 모멘텀을 측정할 경우 단순히 현재 주가와 12개월 전 주가를 이용하여 계산한다. 그러나 특정 팩터가 지속적으로 상승할 경우 모멘텀 상위 종목에는 해당 팩터 종목이 쏠리게 되어 높은 수익률을 얻을 수 있지만, 시장이 급격이

바뀌는 국면 전환$^{Regime\ Switching}$ 구간에서는 오히려 독이 되어 저조한 수익률을 보이게 된다.

[그림 5. 12]는 미국 시장 내에서 각 팩터의 연도별 수익률을 비교한 그래프이다. 1999년 IT 버블이 지나간 후, 2000년부터 2002년까지 시장은 지속적으로 하락했고 저변동성 팩터^{VOL}가 좋은 성과를 거두었으며, 그 결과 모멘텀 포트폴리오^{UMD} 내에 저변동성 주식의 비중이 점점 늘어나게 된다. 반면, 2003년 시장이 반전하며 저변동성 주식들의 수익률은 악화되었으며, 대부분의 주식이 저변동성 종목으로 구성된 모멘텀 포트폴리오 역시 부진한 성과를 거두게 된다. 이러한 현상은 2008~2009년에도 동일하게 반복된다. 2008년 미국 금융위기 시절, 시장이 급락하며 저변동성 주식들이 상대적으로 뛰어난 성과를 보이게 되지만, 2009년 시장이 반전하면서 성과는 역전되었고, 모멘텀 포트폴리오 역시 강한 충격을 받게 되었다.

[그림 5. 12] 미국 시장 내 팩터의 연도별 수익률(1999~2009)

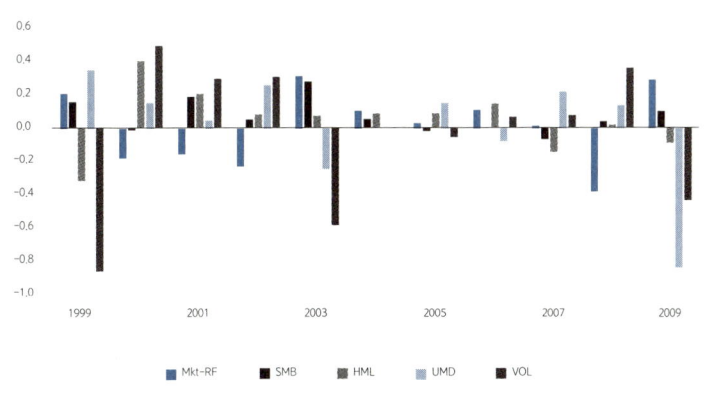

※ 출처 : Kenneth R. French - Data Library

다시 3팩터 모델 모형을 살펴보면, 개별 기업의 수익률은 시장 프리미엄$^{R_m-R_f}$, 소형주 효과^{SMB}, 가치주 효과^{HML}에 의해 설명이 된다. 각 팩터 중 하나가 지속적으로 상승할 경우, 해당 팩터에 노출도가 큰 주식이 향후 모멘텀 포트폴리오에 들어가게 된다.

개별 기업의 수익률을 대상으로 3팩터를 이용한 회귀분석을 실시할 경우 이러한 팩터로는 설명이 되지 않는 잔차가 존재하며, 이는 아래 식의 ε_i이다. 이처럼 특정한 팩터로는 설명이 되지 않는 잔차를 기업의 고유수익으로 정의하며, 고유수익을 이용하여 모멘텀을 측정한 것이 고유수익 모멘텀[39] 전략이다.

$$R_i = \beta_i \times [R_m - R_f] + \beta_{SMB} \times SMB + \beta_{HML} \times HML + \varepsilon_i$$

먼저 고유수익을 측정하는 방법은 과거 특정 기간, 예를 들어 36개월 개별 주식의 수익률, 시장 수익률, SMB, HML를 이용하여 회귀분석을 실시한다. 각각의 팩터에 해당하는 베타값과 함께, 베타로는 설명이 되지 않는 36개의 잔차값이 나오며, 마지막 잔차값을 측정 시점의 고유수익으로 정의한다. 이를 행렬 형태로 표현하면 아래와 같다. 즉 ε_{36}이 측정 시점의 고유수익이다.

$$\begin{bmatrix} r_1 \\ r_2 \\ r_3 \\ \vdots \\ r_{36} \end{bmatrix} = \beta_i \begin{bmatrix} R_{m,1} - R_{f,1} \\ R_{m,2} - R_{f,2} \\ R_{m,3} - R_{f,3} \\ \vdots \\ R_{m,36} - R_{f,36} \end{bmatrix} + \beta_{SMB} \begin{bmatrix} R_{SMB,1} \\ R_{SMB,2} \\ R_{SMB,3} \\ \vdots \\ R_{SMB,36} \end{bmatrix} + \beta_{HML} \begin{bmatrix} R_{HML,1} \\ R_{HML,2} \\ R_{HML,3} \\ \vdots \\ R_{HML,36} \end{bmatrix} + \begin{bmatrix} \varepsilon_1 \\ \varepsilon_2 \\ \varepsilon_3 \\ \vdots \\ \varepsilon_{36} \end{bmatrix}$$

---

[39] David Blitz, Joop Huij, and Martin Martens,(2011). "Residual Momentum". Journal of Empirical Finance, Volume 18, Issue 3, June 2011, Pages 506-521

매월별 고유수익이 측정되었다면, 이후는 기존 가격 모멘텀과 비슷하다. 최근 1개월을 제외한 12개월 수익률(12-1M)을 계산한 후, 동일 기간의 변동성으로 나누어 표준화한다. [그림 5. 13]과 [표 5. 7]은 KOSPI 종목의 고유수익 모멘텀 포트폴리오의 백테스트 결과이다. 역시나 모멘텀이 높을수록 실현 수익률도 높다.

[그림 5. 13] 고유수익 모멘텀 포트폴리오 누적 수익률(2000~2016)

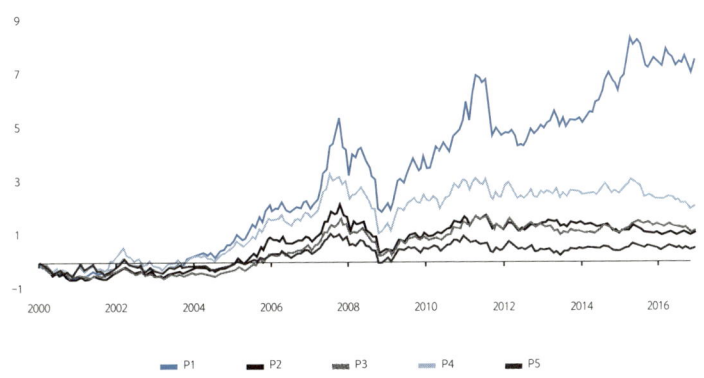

[표 5. 7] 고유수익 모멘텀 포트폴리오 통계값

	연간 수익률 (산술)	연간 수익률 (기하)	연율화 변동성	샤프 지수	승률	최대 손실률
P1	16.25%	13.46%	26.68%	0.5045	56.86%	55.70%
P2	7.81%	4.60%	25.59%	0.1799	53.43%	56.97%
P3	7.75%	4.74%	24.86%	0.1907	55.39%	53.09%
P4	10.42%	6.91%	27.58%	0.2504	54.41%	50.24%
P5	5.93%	2.37%	26.91%	0.0881	53.43%	52.40%

	월간 α	MKT	SMB	HML
P1	0.63% (2.366)	1.0737 (27.359)	0.1045 (2.318)	0.2619 (4.434)

	월간 α	MKT	SMB	HML
P2	-0.13% (-0.577)	1.0721 (32.706)	0.2029 (5.386)	0.2812 (5.699)
P3	-0.08% (-0.373)	1.0546 (35.425)	0.1951 (5.705)	0.2487 (5.551)
P4	0.21% (0.884)	1.1622 (33.634)	0.2037 (5.131)	0.1913 (3.678)
P5	-0.08% (-0.316)	1.1200 (30.790)	0.2779 (6.648)	0.1307 (2.387)

[그림 5. 14]와 [표 5. 8]은 고유수익 모멘텀 팩터의 유의미성을 보기 위해 매월 '고유수익 모멘텀 상위 30% 포트폴리오 – 고유수익 모멘텀 하위 30% 포트폴리오'를 누적한 결과값이다. 고유수익 모멘텀 팩터 역시 장기간 상승하는 모습을 보인다.

[그림 5. 14] 고유수익 모멘텀 상위 – 하위 누적 수익률(2000~2016)

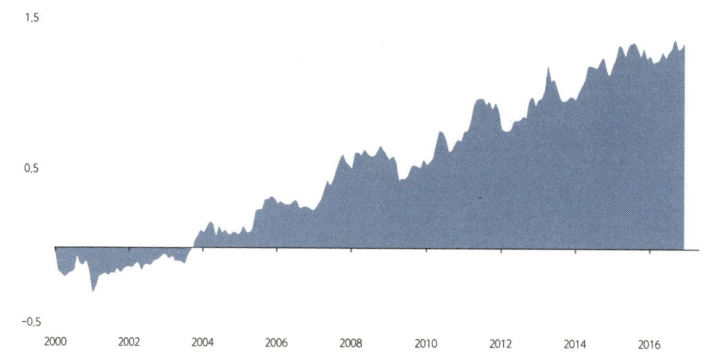

[표 5. 8] 고유수익 모멘텀 상위 – 하위 통계값

	연간 수익률 (산술)	연간 수익률 (기하)	연율화 변동성	샤프 지수	승률	최대 손실률
RES UMD	5.80%	5.15%	12.32%	0.4182	58.33%	30.83%

	월간 α	MKT	SMB	HML
RES UMD	0.18% (0.699)	−0.0027 (−0.070)	−0.0455 (−1.031)	0.1988 (3.438)

[그림 5. 15]는 기존의 가격으로만 측정된 토털 모멘텀[Total Momentum] 및 팩터 효과를 제거한 고유수익 모멘텀으로 구성된 UMD 포트폴리오의 비교이다. 국내에서도 2008년 시장 급락 후 2009년 반등 시기에 특정 팩터에 쏠린 토털 모멘텀의 경우 수익률이 부진했지만, 팩터 효과를 제거한 고유수익 모멘텀은 하락폭이 심하지 않았다.

소형주와 성장주가 상승하던 2014년과 2015년의 경우 토털 모멘텀의 상승폭이 높았지만, 대형 가치주로 시장이 바뀐 2016년의 경우 토털 모멘텀은 다시 한 번 부진한 수익률을 거둔다. 반면 고유수익 모멘텀은 특정 팩터로의 쏠림이 심하지 않아 오히려 상승했다.

[그림 5. 15] 토털 및 고유수익 모멘텀 UMD 연도별 수익률(2000~2016)

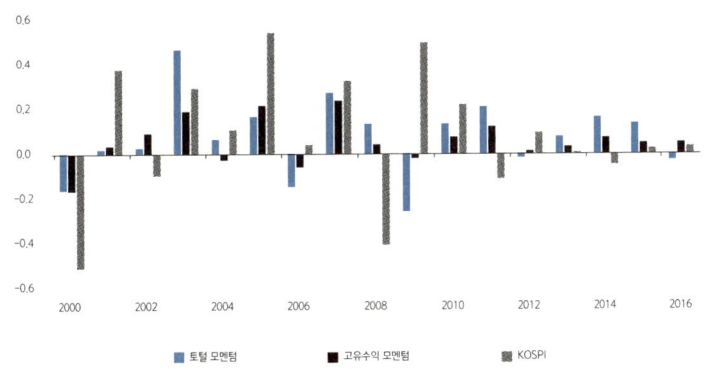

06 | 고배당 팩터
(High Dividend Yield Factor)

주식의 적정 가격과 고든의 배당할인모형

주식 혹은 금융 상품에서 수익을 내는 방법은 이론적으로 매우 간단하다. 적정 가격(내재 가치) 대비 저렴한 주식을 매수하여 기다린 후, 적정 가격 혹은 그 이상의 가격에서 매도하면 된다. 이러한 저가매수, 고가매도$^{\text{BLASH: Buy Low and Sell High}}$ 방법은 가치 투자자들이 지향하는 투자법이며, 투자의 정석과도 같다.

그렇다면 금융 상품의 적정 가격은 어떻게 구하는가의 문제가 남는다. 이론적으로 금융 상품의 가격은 미래 현금흐름$^{\text{Future Cashflow}}$의 현재 가치의 합$^{\text{Sum of Present Value}}$으로 표현된다. 이를 수식으로 표현하면 아래와 같다.

$$P = \sum_{t=1}^{T} \frac{C_t}{(1+r)^t}$$

일반적인 채권의 경우 정해진 날짜에 정해진 이자^{Coupon}를 받으며, 만기 시에는 이자와 원금^{Principle}을 함께 받는 구조이다. 이자와 원금의 금액 및 날짜는 이미 정해져 있으므로, 이자율인 r이 채권 가격을 계산하는 데 유일한 변수이다.

그러나 주식의 경우는 다르다. 먼저 미래의 현금흐름을 무엇으로 정의할 것인가 자체가 불분명하다. 일반적으로 사용되는 현금흐름할인법$^{Discounted\ Cashflow}$ 중 기업잉여현금흐름할인모형$^{Free\ Cashflow\ to\ Firm}$과 주주잉여현금흐름할인모형$^{Free\ Cashflow\ to\ Equity}$, 잔여이익모형$^{RIM\ :\ Residual\ Income\ Model}$은 미래의 이익을 가정하고, 잔여 현금이나 잔여 이익의 현재 가치를 통해 계산된다. 그러나 이러한 방식의 문제는 가정을 위한 변수가 지나치게 많으며, 일반 주주의 입장에서는 현실적으로 취하는 현금흐름이 없다는 것이다.

반면 고든$^{Myron\ J.\ Gordon}$이 발표[40]한 배당할인모형$^{DDM\ :\ Dividend\ Discount\ Model}$은 굉장히 단순하면서도 주주의 입장을 대변한다. 배당할인모형에서는 미래 현금흐름을 배당으로 정의한다. 고배당 기업은 대체로 꾸준한 배당을 지급하며, 그 시기 또한 정해져 있다. 또한 배당은 주주의 입장에서 직접 받는 현금이므로, 이러한 점들을 고려해 볼 때 고배당주는 채권의 현금흐름과 매우 비슷하다. 배당할인모형을 간단히 나타내면 다음과 같다.

$$P = \frac{D_1}{r-g} = \frac{D_0 \times (1+g)}{r-g}$$

---

[40] Gordon, Myron J.(1959). "Dividends, Earnings and Stock Prices". Review of Economics and Statistics. The MIT Press. 41(2): 99-105.

D는 배당금을 의미하며 r은 할인율(수익률), g는 배당 성장률을 나타낸다. 즉 주식의 적정 가치는 현재 배당금 대비 g로 성장하는 등비수열의 합과 같다. 이를 r에 대하여 정리하면 아래와 같으며, 주식의 수익률(r)은 배당 수익률$\left(\frac{D_0}{P_0}\right)$과 비례 관계에 있다. 즉 수식을 통해 배당 수익률이 높을수록 주식 수익률이 높음을 기대해 볼 수 있다.

$$r = \frac{D_0 \times (1+g)}{P_0} + g$$

티끌 모아 태산, 배당이익

많은 투자자들이 주식의 수익률을 계산할 때 주가의 변화로 측정되는 자본 이익$^{\text{Capital Gain}}$만을 고려하는 경향이 강하다. 그러나 투자의 총수익$^{\text{Total Return}}$은 자본 이익뿐만 아니라 현금 수익^{Income} 팩터도 고려되어야 하며, 주식 투자에서는 배당 수익$^{\text{Dividend Income}}$이 이러한 팩터이다. 배당 수익으로 인한 총수익 증진 효과는 투자 기간이 길수록, 그리고 고배당주 일수록 강하다. 총수익 팩터를 수식으로 나타내면 다음과 같다.

$$r_{t+1} = \frac{P_{t+1} + D_{t+1}}{P_t} - 1$$

[그림 6. 1]은 한국의 대표 지수인 KOSPI 200지수와 배당이 모두 고려된 KOSPI 200 총수익지수$^{\text{Total Return Index}}$의 비교이다. 두 지

수 간의 차이는 매년 KOSPI 200의 배당 수익률만큼 차이가 나며, 누적으로는 8.38%p 차이가 난다.

[그림 6. 1] KOSPI 200지수와 KOSPI 200 총수익지수 비교(2011~2016)

※ 출처 : 한국거래소

한국 주식 시장 내 고배당 효과

다음으로 실제 한국 주식 시장 내에서 고배당 효과가 있는지 확인하기 위해 백테스트를 실시한다. 2000년부터 2016년까지 KOSPI 종목을 대상으로, 배당 수익률을 매월 측정한다. 예견 편향 Look Ahead Bias을 피하기 위해 1, 2, 3월 말에는 전전년$^{T-2}$ 주당배당금을 사용한다. 계산된 배당 수익률[41]을 기준으로 5개 포트폴리오를 나누며, 분기별로 포트폴리오를 리밸런싱한다. 무배당 기업은 테스트에서 제외한다.

---

41 배당 수익률은 '전년도 현금주당배당금/현재 주가' 기준으로 계산한다.

[그림 6. 2]와 [표 6. 1]은 고배당 포트폴리오의 백테스트 결과이다. 실제 주식 시장에서도 고배당 포트폴리오$^{P1, P2}$는 지속적으로 상승하며, 저배당 포트폴리오$^{P4, P5}$는 상승폭이 매우 낮은 모습을 보인다.

[그림 6. 2] 배당 수익률 포트폴리오 누적 수익률(2000 ~2016)

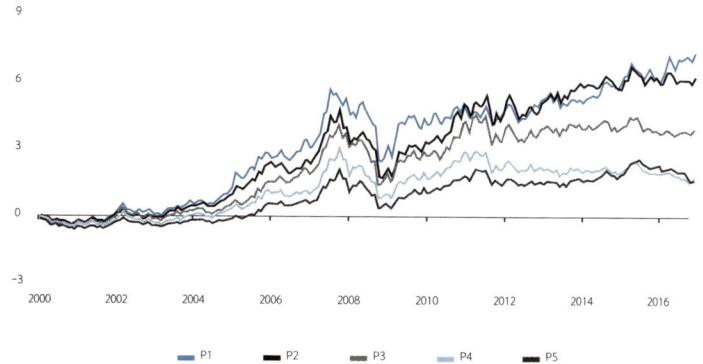

[표 6. 1] 배당 수익률 포트폴리오 통계값

	연간 수익률 (산술)	연간 수익률 (기하)	연율화 변동성	샤프 지수	승률	최대 손실률
P1	15.58%	13.29%	24.70%	0.5379	58.82%	47.37%
P2	14.56%	12.53%	23.09%	0.5427	58.82%	52.86%
P3	12.52%	9.82%	24.96%	0.3935	58.33%	51.30%
P4	9.26%	6.16%	25.61%	0.2405	55.88%	54.14%
P5	8.91%	5.91%	25.01%	0.2361	55.88%	55.84%

	월간 α	MKT	SMB	HML
P1	0.31% (1.237)	0.9958 (27.227)	0.3041 (7.235)	0.4148 (7.536)
P2	0.43% (2.041)	0.9588 (30.779)	0.2491 (6.958)	0.2967 (6.328)
P3	0.24% (1.143)	1.0504 (33.740)	0.2111 (5.900)	0.2986 (6.374)

	월간 α	MKT	SMB	HML
P4	0.10% (0.451)	1.0812 (34.251)	0.1865 (5.140)	0.2165 (4.557)
P5	0.38% (1.717)	1.0372 (31.674)	0.1215 (3.228)	0.0347 (0.705)

[그림 6. 3]와 [표 6. 2]는 매월 '배당 수익률 상위 30% 포트폴리오 – 배당 수익률 하위 30% 포트폴리오'를 누적한 결과이다. 장기적으로 양의 수익률을 보이며 고배당 주식이 저배당 주식 대비 우수한 성과를 보임이 확인된다.

[그림 6. 3] 고배당 – 저배당 포트폴리오 누적 수익률(2000~2016)

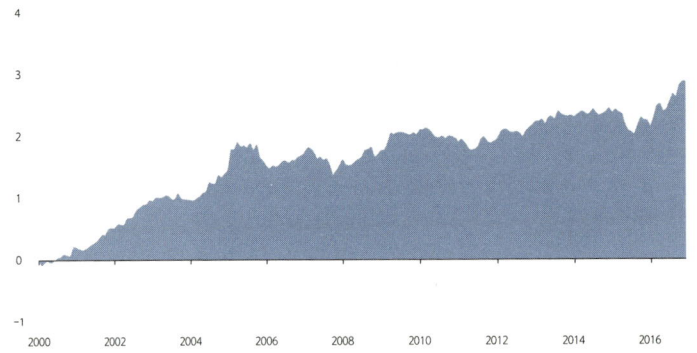

[표 6. 2] 고배당 – 저배당 포트폴리오 통계값

	연간 수익률 (산술)	연간 수익률 (기하)	연율화 변동성	샤프 지수	승률	최대 손실률
DIVIDEND	8.60%	8.32%	10.92%	0.7620	56.37%	18.91%

	월간 α	MKT	SMB	HML
DIVIDEND	0.38% (1.701)	-0.0739 (-2.251)	-0.0266 (-0.706)	0.2318 (4.693)

위의 백테스트는 전체 종목 중 배당 수익률이 존재하는 주식만을 대상으로 했다. 그러나 [그림 6. 4]에서 확인할 수 있듯이 전체 종목 중 약 70% 기업만이 배당을 지급하며, 나머지 30% 종목은 테스트에서 제외되어 유니버스의 손실을 낳게 된다. 또한 [그림 6. 5]은 무배당 종목을 대상으로 포트폴리오를 구성한 결과로써, 배당을 지급하지 않는 종목들의 포트폴리오는 장기간 동안 부진한 성과를 보임이 확인된다.

[그림 6. 4] 전체 상장종목 중 배당 수익률 존재 종목 비율

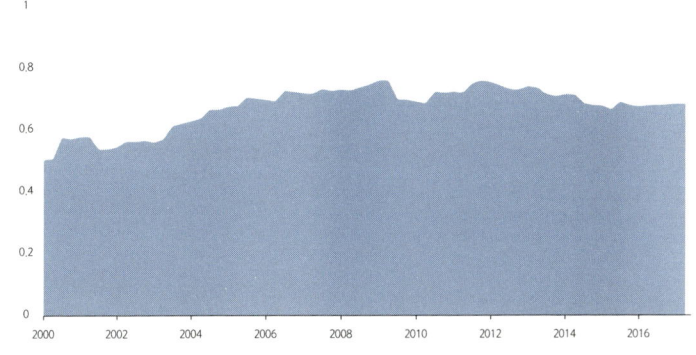

[그림 6. 5] 무배당 포트폴리오 누적 수익률(2000~2016)

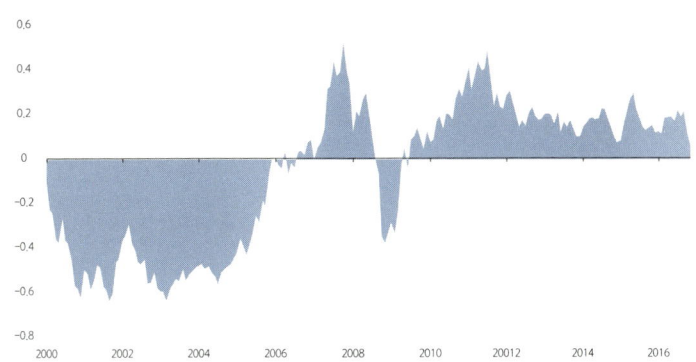

이전 테스트에서는 고배당 팩터를 확인하기 위해 '배당 수익률 상위 30% 포트폴리오 – 배당 수익률 하위 30% 포트폴리오'를 구성했다. 이번에는 저배당의 정의를 배당 수익률이 낮은 포트폴리오가 아닌 무배당 종목의 포트폴리오로 바꾸어, '배당 수익률 상위 30% 포트폴리오 – 무배당 포트폴리오'를 구성하여 고배당 팩터를 확인하도록 한다.

[그림 6. 6]과 [표 6. 3]은 새로운 방법으로 구성한 포트폴리오로써, 기존 대비 연율화 수익률 및 초과 수익률 모두 증가한 모습을 보인다.

[그림 6. 6] 고배당 – 무배당 포트폴리오 누적 수익률(2000~2016)

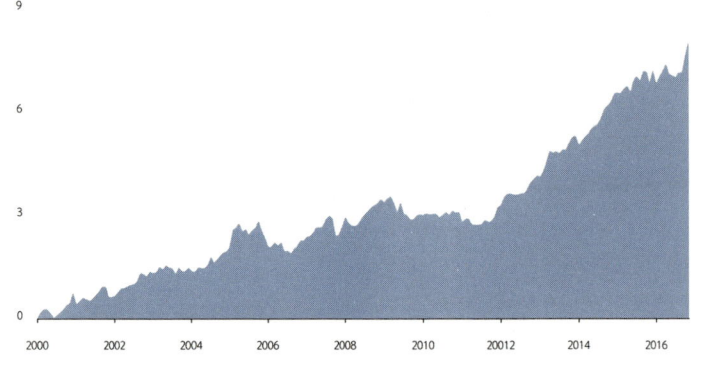

[표 6. 3] 고배당 – 무배당 포트폴리오 통계값

	연간 수익률 (산술)	연간 수익률 (기하)	연율화 변동성	샤프 지수	승률	최대 손실률
고배당 – 저배당	8.60%	8.32%	10.92%	0.7620	56.37%	18.91%
고배당 – 무배당	14.48%	13.89%	16.72%	0.8306	64.71%	24.70%

	월간 α	MKT	SMB	HML
고배당 – 저배당	0.38% (1.701)	-0.0739 (-2.251)	-0.0266 (-0.706)	0.2318 (4.693)
고배당 – 무배당	0.59% (2.107)	-0.2953 (-7.079)	0.2764 (5.766)	0.3984 (6.346)

고배당 성향, 동전의 양면

배당 성향$^{Payout\ Ratio}$이란 $\frac{주당배당익(DPS)}{주당순이익(EPS)}$로써, 회사의 수익 대비 배당금을 비율로 나타낸 것이다. 배당 성향이 높을수록 배당금 또한 높아져, 위의 결과처럼 높은 수익률로 연결된다.

그러나 높은 배당 성향에 대해 다시 생각해 볼 필요가 있다. 기업이 벌어들인 돈 대비 지나치게 많은 배당을 준다는 것은 일회성 배당일 경우가 있으며, 회사의 장기적인 성장에 부정적인 영향을 미쳐 향후 배당금이 줄어들 가능성이 있다. 흔히 기업의 성장률^{Growth}은 자기자본수익률$^{ROE\ :\ Return\ On\ Equity}$과 사내유보율$^{Retention\ Ratio}$의 곱[42]으로 표현된다. 즉 기업의 수익을 배당하기보다는 사내에 유보하여, 기업 투자 등을 바탕으로 성장하게 된다는 것이다.

또한, 배당 성향이 음수인 경우는 적자가 났음에도 불구하고 배당을 주었다는 의미로써, 장기 성장을 추구하는 기업의 본질과 맞지 않다. 다시 배당성장모형으로 돌아가 보도록 한다.

$$r = \frac{D_0 \times (1+g)}{P_0} + g$$

---

42 Growth = ROE ×(1–b)로 표현되며, b는 배당 성향이다. 즉 1–b는 사내유보율$^{Retention\ Ratio}$을 의미한다.

앞에서 무시하고 지나갔던 성장 항목(g)을, ROE와 배당 성향을 고려하여 다시 정리하면 아래와 같다.

$$r = \frac{D_0 + D_0 \times g + P_0 \times g}{P_0} = \frac{D_0 + g(D_0 + P_0)}{P_0}$$
$$= \frac{D_0}{P_0} + \frac{(D_0 + P_0)[ROE \times (1-b)]}{P_0}$$

즉 주식의 수익률은 앞에서 살펴본 바와 같이 배당 수익률과는 정의 관계이며, 배당 성향(b)과는 역의 관계이다. 배당 수익률과 배당 성향을 각각 저, 중, 고로 나누면 **[표 6. 4]**와 같이 9개의 그룹으로 나눌 수 있다. 위의 수식을 적용해보면, X축(배당 수익률)에서는 우측으로 갈수록, Y축(배당 성향)에서는 아래로 갈수록 수익률이 높아야 하며, ①번(저배당, 고배당 성향)이 가장 낮은 수익률을, ⑨번(고배당, 저배당 성향)이 가장 높은 수익률을 기록해야 한다.

[표 6. 4] 배당 수익률과 배당 성향 매트릭스

		배당 수익률	
	저		고
고	① 저배당 고배당 성향	② 중배당 고배당 성향	③ 고배당 고배당 성향
배당 성향	④ 저배당 중배당 성향	⑤ 중배당 중배당 성향	⑥ 고배당 중배당 성향
저	⑦ 저배당 저배당 성향	⑧ 중배당 저배당 성향	⑨ 고배당 저배당 성향

[표 6. 5]는 KOSPI에 상장된 전체 종목 중, 배당 수익률과 배당 성향 그룹 간 실제 연율화 수익률 및 연율화 샤프지수이다. 대체로 배당 수익률과 수익률은 비례하며, 배당 성향과 수익률은 반비례한다.

[표 6. 5] 배당 수익률, 배당 성향 그룹 간 수익률(2000~2016)

		배당 수익률	
	저		고
배당 성향 고	4.88% (0.1722)	13.01% (0.5177)	17.18% (0.7991)
	5.12% (0.1962)	13.99% (0.5768)	19.03% (0.7945)
저	8.87% (0.3684)	18.87% (0.7417)	20.72% (0.6512)

[그림 6. 7]과 [표 6. 6]은 2000년부터 2016년까지 KOSPI에 상장된 전체 종목을 대상으로 단순 배당 수익률 상위 50종목 시가총액가중 포트폴리오와 배당 성향 상위 20% 및 음수인 종목을 제외한 후 배당 수익률 상위 50종목 시가총액가중 포트폴리오의 비교이다. 배당 성향을 고려한 고배당 포트폴리오의 수익률이 다소 높음을 확인할 수 있다.

[그림 6. 7] 고배당 및 배당 성향 고려 고배당 포트폴리오 누적 수익률(2000~2016)

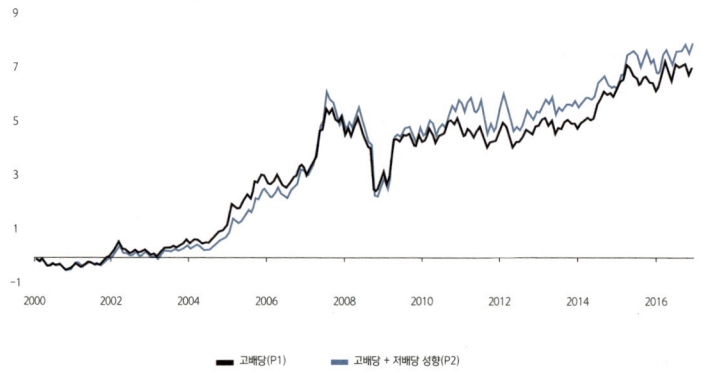

고배당(P1) ── 고배당 + 저배당 성향(P2)

[표 6. 6] 고배당 및 배당 성향 고려 고배당 포트폴리오 통계값

	연간 수익률 (산술)	연간 수익률 (기하)	연율화 변동성	샤프 지수	승률	최대 손실률
P1	15.46%	13.08%	25.03%	0.5226	57.84%	46.27%
P2	16.78%	13.77%	27.57%	0.4994	58.33%	54.26%

	월간 α	MKT	SMB	HML
P1	0.29% (1.162)	1.0080 (27.025)	0.3384 (7.896)	0.4094 (7.293)
P2	0.42% (1.556)	1.1237 (28.023)	0.3887 (8.436)	0.3701 (6.132)

부록

배당할인모형의 유도

초기 배당금을 D_0, 성장률을 g로 나타낸다면, 주식의 가격은 다음과 같다. 매해 배당은 g만큼 성장한다고 가정한다.

$$p = \sum_{t=1}^{\infty} D_0 \times \frac{(1+g)^t}{(1+r)^t}$$

$\dfrac{(1+g)}{(1+r)}$를 r'로 치환하면, 위의 식은 다음과 같이 정리된다.

$$P = D_0 \times r'(1 + r' + r'^2 + \cdots)$$

무한등비급수의 합을 이용하면 아래와 같다.

$$P = \frac{D_0 \times r'}{1 - r'}$$

r'에 원래의 값 $\dfrac{(1+g)}{(1+r)}$를 대입하면

$$p = \frac{D_0 \times \dfrac{(1+g)}{(1+r)}}{1 - \dfrac{(1+g)}{(1+r)}} = \frac{D_0 \times \dfrac{(1+g)}{(1+r)}}{\dfrac{(1+r-1-g)}{(1+r)}} = \frac{D_0 \times \dfrac{(1+g)}{(1+r)}}{\dfrac{(r-g)}{(1+r)}}$$

이며, 분자 분모의 $(1+r)$을 약분해주면 최종 산식이 도출된다.

$$p = \frac{D_0 \times (1+g)}{r - g}$$

부록

예견 편향

퀀트 시뮬레이션에서 가장 많이 범하는 오류 중 하나가 예견 편향으로써, 이는 미래 시점의 데이터를 미리 안다는 가정하에 시뮬레이션을 하는 것이다. 필요한 정보가 즉시 수집되는 '주가' 등의 정보에서는 문제가 발생하지 않지만, 기준 시점과 발표 시점의 차이가 있는 '회계 정보' 등의 수집에서 흔히 발생하는 문제이다.

예를 들어, 현재 시점에서 2010년 1월의 배당 수익률을 구한다고 가정해 보자. 당시의 배당 수익률을 구하기 위해 데이터를 수집할 경우, 현재는 2009년의 배당 정보를 모두 구할 수 있다. 그러나 전년도 회계공시 마감일은 3월 31일로써, 실제로는 2010년 4월이 되어야 전년도 데이터를 얻을 수 있다.

회계 정보를 사용하는 연구에서는 이러한 문제를 해결하기 위해, 전년도 데이터를 수집할 수 있는 날짜를 최대한 보수적으로 잡는다. 파마-프렌치의 경우 HML 팩터에 사용되는 전년도 회계 데이터를, 6월 말 기준으로 수집하는 매우 보수적인 방법을 택한다. 국내의 경우 3월 31일 회계 정보 공시 후 정보가 모두 반영되는 기간을 한 달 정도로 고려하여, 1~4월 말까지는 전전년도 회계 정보를 사용하며, 4월 말 기준부터 전년도 회계 정보를 사용하는 것이 바람직하다.

07 | 퀄리티 팩터
(Quality Factor)

'기본적 분석'의 계량화, 퀄리티 팩터

벤저민 그레이엄 이후 유지되고 있는 기본적 분석$^{Fundamental\ Analysis}$ 혹은 가치 투자자들의 가장 중요한 투자 지표는 기업의 우량성이다. 벤저민 그레이엄은 종목 선정에 있어 유동 자산이 풍부하여 재무적으로 건전하고, 꾸준하게 이익을 달성하는 기업을 강조했다.[43] 최고의 투자자로 꼽히는 워런 버핏의 종목 선정 기준은 실적의 강력한 성장 추세와 높은 자기자본이익률로 알려져 있다.

그러나 다른 팩터들과 달리 퀄리티 팩터는 너무나 주관적이고 광범위하여, 타 팩터처럼 쉽게 정의하기가 힘들다. 퀄리티에 대한 명확한 정의는 없지만, 흔히 수익성, 경쟁력, 효율성, 투명성, 성장성 등으로 정의한다.

---

43 물론 PER와 PBR이 일정 수준 이하인 조건도 함께 고려했지만, 이는 다음 장에서 다룰 Value Factor의 내용이므로 본 장에서는 다루지 않는다.

이익의 퀄리티가 높은 주식일수록 수익률이 높다는 슬로언 Sloan의 연구[44]를 시작으로, 재무·회계 팩터 중 이익의 퀄리티로 대표되는 여러 지표와 주식 수익률에 대한 연구가 이루어졌지만, 타 팩터에 비해 연구 결과는 많지 않았다. 최근에 들어서야 파마-프렌치의 수익성Profitability에 대한 연구[45] 및 노비 막스Novy-Marx와 애스네스 등의 연구를 통해 퀄리티 팩터의 성과가 증명되고 있다.

F-Score

2000년 4월, 당시 시카고 대학교 회계학 부교수였던 조셉 피오트로스키Joseph Piotroski가 발표한 논문[46]은 투자자들 사이에 상당한 집중을 받게 되었다. 기존의 High BM 저PBR을 이용한 가치 전략은 높은 성과를 기록하지만, 보통 이러한 종목들은 재무 상태가 불량한 기업이 많다. 따라서 High BM 종목 중 재무적으로 우량한 기업을 선정하여 투자한다면, 성과를 훨씬 개선할 수 있다고 보았다.

그는 재무적 우량 정도를 수익성, 재무 성과Financial Performance, 운영 효율성Operating Efficiency으로 구분하여 총 9개의 지표를 선정했다. 각 지표가 우수할 경우 1점, 그렇지 않을 경우 0점을 매겨, 총 0점부터

---

44 Sloan, R.(1996). "Do Stock Prices Fully Reflect Information in Accruals and Cash Flows about Future Earnings?" The Accounting Review. 71: 289–315.
45 Eugene F. Fama, Kenneth R. French.(2006). "Profitability, Growth, and Average Returns". Journal of Financial Economics. 82, 491–518
46 Piotroski, Joseph D.(2000). "Value Investing: The Use of Historical Financial Statement Information to Separate Winners from Losers". Journal of Accounting Research. 38, 1–41.

9점까지의 포트폴리오를 구성한다. 그 결과, High BM 내에서도 점수가 8~9점인 우량^{Winners} 기업이 0~2점인 부실^{Losers} 기업보다 월등히 성과가 높음을 보였다.

F_SCORE = F_ROA + F_ ΔROA + F_CFO + F_ ACCRUAL + F_ Δ MARGIN + F_ ΔTURN + F_ΔLEVER + F_ΔLIQUID + EQ_OFFER

그가 선정한 지표는 다음과 같다. 먼저 수익성 지표는 크게 ROA, CFO, ROA의 증가, Accrual 항목으로 나뉜다. ROA는 당기 순이익을 총자산으로 나눈 값이며, ROA가 0보다 크면 1점을 부여한다. CFO는 영업활동현금흐름을 총자산$^{Total\ Assets}$으로 나눈 값이며, CFO가 0보다 크면 1점을 부여한다. ROA의 증가는 전년 대비 금년 ROA의 증가를 나타낸 값이며, 증가했으면 1점을 부여한다. Accrual은 금년 CFO-ROA로, 값이 0보다 크면(CFO 〉 ROA) 1점을 부여한다.

재무 성과 지표는 레버리지의 증가, 유동성의 증가, 신주 발행$^{Share\ Issue}$으로 나뉜다. 레버리지는 장기 부채$^{Long\ Term\ Debt}$를 총자산으로 나눈 값이며, 전년 대비 레버리지가 감소했으면 1점을 부여한다. 유동성은 유동 자산$^{Current\ Assets}$을 유동 부채$^{Current\ Liabilities}$로 나눈 값이며, 전년 대비 유동성이 증가했으면 1점을 부여한다. 신주 발행은 금년도 신주 발행 여부이며, 신주를 발행하지 않았다면 1점을 부여한다.

마지막으로 운영 효율성$^{Operating\ Efficiency}$은 마진^{Margin} 증가와 회전율^{Turnover} 증가로 나뉜다. 매출총이익률$^{Margin\ Ratio}$은 매출 총이익$^{Gross\ Margin}$을 총매출$^{Total\ Sales}$로 나눈 값이며, 전년 대비 매출총이익률이 증

가했으면 1점을 부여한다. 마지막으로 회전율은 총매출을 총자산으로 나눈 값이며, 전년 대비 회전율이 증가했으면 1점을 부여한다. [표 7. 1]은 항목별 점수 부여 기준을 요약한 표이다.

[표 7. 1] F-Score 항목별 점수 부여 기준

지표	항목	점수
수익성	ROA	ROA > 0 이면 1점, 아니면 0점
	CFO	CFO > 0 이면 1점, 아니면 0 점
	ΔROA	ΔROA > 0 이면 1점, 아니면 0 점
	Accrual	Accrual > 0 이면 1점, 아니면 0점
재무 성과	ΔLever	ΔLever < 0 이면 1점, 아니면 0 점
	ΔLiquid	ΔLiquid > 0 이면 1점, 아니면 0 점
	EQ_Offer	EQ_Offer <= 0 이면 1점, 아니면 0 점
운영 효율성	ΔMargin	ΔMargin > 0 이면 1점, 아니면 0 점
	ΔTurn	ΔTurn > 0 이면 1점, 아니면 0점

국내에서 F-Score 방법론의 효과를 살펴보기 위해 백테스트를 실시한다. 2000년부터 2016년까지 KOSPI 종목을 대상으로, 회계 정보의 반영 기간을 고려하여 매년 5월 초에 전년도 회계 정보를 바탕으로 F-Score를 측정한다.[47] 1년간 각 점수별 포트폴리오를 유지한 후 차년도 5월에 다시 리밸런싱을 실시하며, 각 점수간 포트폴

---

47 2000년 1월부터 4월까지는 1998년 회계 데이터를 기준으로 포트폴리오를 구성한다.

리오의 비중은 해당 테스트에 한하여 동일가중으로 구성한다.[48]

[표 7. 2]는 F-Score 점수별 포트폴리오의 백테스트 결과이다. 회계적으로 우량한 종목군(7, 8, 9)일수록 비우량한 종목군(1, 2, 3)보다 월등한 수익을 보인다. 반면, 동일가중으로 포트폴리오를 구성한 만큼 소형주 효과의 설명력이 굉장히 크다는 것도 확인된다.

[표 7. 2] F-Score 점수별 포트폴리오 통계값

	연간 수익률 (산술)	연간 수익률 (기하)	연율화 변동성	샤프 지수	승률	최대 손실률
1점	1.69%	-11.65%	53.92%	-0.2160	50.98%	95.68%
2점	4.94%	-0.79%	33.72%	-0.0234	51.47%	73.31%
3점	7.02%	2.76%	29.17%	0.0947	55.88%	63.24%
4점	8.89%	5.60%	26.23%	0.2134	56.86%	57.18%
5점	10.58%	7.67%	25.01%	0.3068	57.35%	54.68%
6점	16.26%	14.06%	24.64%	0.5706	58.33%	51.17%
7점	19.60%	17.83%	24.83%	0.7182	60.29%	51.23%
8점	19.94%	18.73%	23.16%	0.8088	58.33%	44.91%
9점	20.04%	18.60%	24.03%	0.7739	60.78%	53.24%

	월간 α	MKT	SMB	HML
1점	-1.23% (-1.242)	1.2171 (8.336)	1.0058 (5.995)	0.5113 (2.327)

---

48 기존 테스트의 경우 각 포트폴리오 내 종목의 수가 동일했으나, 해당 테스트의 경우 F-Score에 따라 각각의 포트폴리오에 편입되므로 종목의 수가 가변적이다. 그 결과, 일부 포트폴리오의 경우 종목수가 지나치게 작아 최대투자 비중 설정이 불가능하며, 시가총액이 큰 특정 종목으로 인해 포트폴리오의 성과가 왜곡되는 문제가 발생한다. 따라서 동일가중 포트폴리오를 통해 이러한 문제를 해결한다.

	월간 α	MKT	SMB	HML
2점	-0.62% (-1.325)	1.1166 (16.240)	0.7972 (10.090)	0.3443 (3.327)
3점	-0.44% (-1.488)	1.1144 (25.594)	0.7588 (15.165)	0.3470 (5.296)
4점	-0.27% (-0.882)	0.9629 (21.545)	0.6434 (12.526)	0.3802 (5.652)
5점	-0.07% (-0.323)	1.0019 (30.041)	0.6022 (15.713)	0.3458 (6.888)
6점	0.18% (0.912)	1.0093 (34.866)	0.5723 (17.204)	0.4900 (11.248)
7점	0.68% (2.947)	1.0115 (29.704)	0.4865 (12.434)	0.3611 (7.046)
8점	0.70% (2.943)	0.8979 (25.577)	0.5379 (13.335)	0.3782 (7.158)
9점	0.70% (2.298)	0.8493 (18.795)	0.5413 (10.424)	0.3891 (5.721)

다음으로 1~3점을 Junk 포트폴리오, 4~6점을 Neutral 포트폴리오, 7~9점을 Quality 포트폴리오로 나누어, 그룹별 테스트를 실시한다. 테스트 방법은 위와 동일하며, 포트폴리오 내 충분한 종목수가 확보되었으므로 시가총액가중방식으로 구성한다. [그림 7. 1]과 [표 7. 3]은 백테스트 결과로써, F-Score가 높은 포트폴리오일수록 우수한 성과를 보인다.

점수들의 평균 수익률 대비 포트폴리오의 수익률이 낮아진 원인은 동일가중방식에서 시가총액가중방식으로 변경하여 소형주 효과가 줄어들었기 때문이며, 3팩터 중 SMB 베타가 기존 대비 월등히 줄어들었음을 통해 이를 확인할 수 있다.

[그림 7. 1] F-Score 그룹별 누적 수익률(2000~2016)

[표 7. 3] F-Score 그룹별 통계값

	연간 수익률 (산술)	연간 수익률 (기하)	연율화 변동성	샤프 지수	승률	최대 손실률
Junk	4.02%	-0.47%	29.69%	-0.0159	51.96%	65.24%
Neutral	7.80%	4.98%	24.08%	0.2067	56.86%	63.46%
Quality	14.61%	12.79%	22.54%	0.5676	57.84%	50.34%

	월간 α	MKT	SMB	HML
Junk	-0.76% (-2.723)	1.2035 (29.087)	0.5975 (12.566)	0.4027 (6.467)
Neutral	0.11% (0.671)	1.0398 (43.044)	0.1210 (4.360)	0.1474 (4.054)
Quality	0.60% (2.974)	0.9368 (31.525)	0.1397 (4.091)	0.2128 (4.757)

  마지막으로 [**그림 7. 2**]는 각 연도별 F-Score 점수가 1~9점인 종목들의 비중을 보여주는 표이다. 가장 우량한 종목(F-Score = 9)은 전체 종목 중 1~3%가량으로 매우 드물며, 가장 부실한 종목(F-Score = 1) 또한 전체 종목 중 1~4%가량으로 매우 드물게 나타났다.

[그림 7. 2] 각 연도별 F-Score 점수 비중(2000~2016)

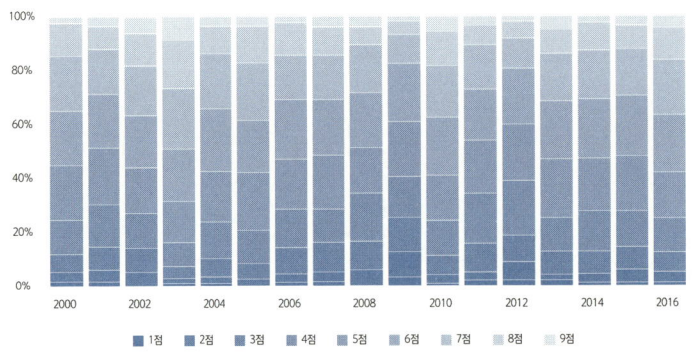

기업의 수익성을 나타내는 간단한 지표, 매출총이익 ^{Gross Profit}

퀄리티 팩터는 태생적으로 밸류 팩터와 반대 관계에 있다. 파마-프렌치는 밸류 팩터인 HML가 우수한 성과를 거두는 이유로, 대체로 재무적으로 불량한 기업들이 부도 위험으로 인해 장부 가격 대비 낮은 가격에 시장에서 거래되고, 위험에 대한 보상으로 High BM 주식이 Low BM 주식 대비 높은 성과를 거둔다고 주장했다. 이러한 주장하에서 재무적으로 우량한 기업의 주식은 수익률이 낮아야 하므로, 퀄리티 팩터는 수익과 반비례 관계에 있는 것처럼 느껴진다.

우리가 이미 살펴본 배당할인 모형을 아래와 같이 쓸 수 있다. 수식의 형태는 약간 바뀌었지만, 주식의 가격이 미래 배당의 현재 가치의 합이라는 점은 동일하다.

$$P_t = \sum_{\tau=1}^{\infty} \frac{\mathbb{E}(D_{t+\tau})}{(1+r)^\tau}$$

Clean Surplus[49] Accounting에서 예상 배당은, 예상 이익($Y_{t+\tau}$) - 예상 장부 가치의 변화($dB_{t+\tau}$)로 바꾸어 표현할 수 있다. 이를 현재의 장부 가치로 나누면 아래와 같은 식이 된다.

$$P_t = \sum_{\tau=1}^{\infty} \frac{\mathbb{E}(Y_{t+\tau} - dB_{t+\tau})}{(1+r)^{\tau}}$$

$$\frac{P_t}{B_t} = \frac{\sum_{\tau=1}^{\infty} \frac{\mathbb{E}(Y_{t+\tau} - dB_{t+\tau})}{(1+r)^{\tau}}}{B_t}$$

이익과 장부 가치의 증가가 일정하다면, P/B와 수익률은 역의 관계에 있으며, 이는 기존 HML와 동일한 결과이다. 그러나 P/B가 일정하고 장부 가치의 증가가 일정하다면, 수익성과 수익률은 비례 관계이다. 특히, 현재 장부 가치 대비 기대 이익이 높을수록 기대 수익률 또한 높다. 따라서 밸류 팩터와는 별도로 수익성(퀄리티) 팩터 또한 수익률과 비례 관계가 있다고 볼 수 있다.

막스 교수는 본인의 논문[50]을 통해 수익성 팩터에 대한 지표로 매출총이익(매출총이익/총자산)을 선택했다. 기존의 HML 팩터에 대한 설명과 동일하게 매출총이익이 높은 기업일수록(퀄리티 기업) 장부 가격 대비 높은 시장 가격에 거래되었지만, 그와는 별도로 매출총이익이 높을수록 수익률도 높음을 증명했다. 또한, 이러

---

49 기초 장부 가치 + 이익 - 배당 = 기말 장부 가치
50 Robert Novy-Marx,(2013). "The Other Side of Value: The Gross Profitability Premium", Journal of Financial Economics, 108, 1-28.

한 수익성 팩터는 기존 밸류 팩터와는 별도로 주식 수익률을 설명하는 주요 변수임을 보였고, 가치 지표와의 결합을 통해 상당한 수익률 개선을 이끌어 낼 수 있음을 보였다. 이는 기존의 F-Score가 추구했던 High BM 중 재무적으로 우량한 기업을 택하는 전략과 일맥상통한다.

[표 7. 4]는 일반적인 손익계산서$^{\text{Income Statement}}$ 항목이다. 기존의 연구들이 수익성에 대한 지표로서 흔히 가장 하단$^{\text{Bottom Line}}$의 이익을 사용한 반면, 해당 논문에서는 상단$^{\text{Top Line}}$의 매출총이익을 사용했다. 막스는 항목이 하단으로 가면 갈수록, 기업의 수익성이 아닌 타 요인에 의한 영향을 많이 받아 경제적 수익성을 제대로 반영하지 못한다고 보았다. 따라서 매출총이익이 실제 경제적 수익성을 반영하는 가장 투명한 회계 측정법이라 주장했으며, 정규화를 위해 매출총이익을 총자산으로 나누었다.

[표 7. 4] 손익계산서 양식

매출
(-) 매출원가
매출총이익
(-) 판매비와 관리비
영업이익
(+) 영업외수익
(-) 영업외비용
법인세차감전순이익
(-) 법인세비용
당기순이익

매출총이익을 통한 수익성 팩터의 국내에서의 효과를 살펴

보기 위해 백테스트를 실시한다. 2000년부터 2016년까지 KOSPI 종목을 대상으로, 회계 정보의 반영 기간을 고려하여 매년 5월 초에 전년 말 매출총이익/총자산을 구한다. 계산된 값에 따라 매출총이익이 높은 순부터 낮은 순으로 5개 포트폴리오를 구성하며, 1년간 각 포트폴리오를 유지한 후 차년도 5월에 다시 리밸런싱을 실시한다.

[그림 7. 3]과 [표 7. 5]는 매출총이익 별 포트폴리오의 백테스트 결과이다. 막스의 연구와 동일하게 매출총이익 기준 상위 20% 포트폴리오가 타 포트폴리오 대비 높은 성과를 거두었음이 확인된다.

[그림 7. 3] 매출총이익 포트폴리오 누적 수익률(2000~2016)

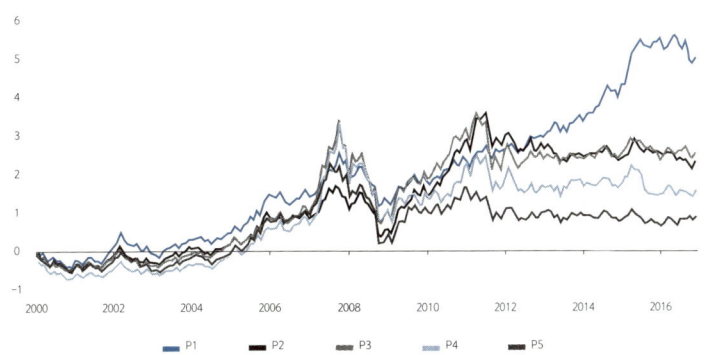

[표 7. 5] 매출총이익 포트폴리오 통계값

	연간 수익률 (산술)	연간 수익률 (기하)	연율화 변동성	샤프 지수	승률	최대 손실률
P1	12.74%	11.11%	20.94%	0.5303	62.25%	43.45%
P2	10.00%	7.30%	24.39%	0.2993	52.45%	51.01%
P3	11.06%	7.71%	26.84%	0.2871	56.86%	60.50%

	연간 수익률 (산술)	연간 수익률 (기하)	연율화 변동성	샤프 지수	승률	최대 손실률
P4	10.40%	5.82%	30.58%	0.1903	57.35%	65.37%
P5	8.31%	3.79%	29.89%	0.1269	54.41%	63.03%

	월간 α	MKT	SMB	HML
P1	0.91% (4.495)	0.8467 (28.331)	0.1118 (3.255)	-0.0642 (-1.426)
P2	0.30% (1.375)	1.0191 (31.987)	0.1675 (4.575)	0.1421 (2.962)
P3	0.06% (0.244)	1.1145 (32.068)	0.1615 (4.043)	0.3344 (6.394)
P4	-0.01% (-0.044)	1.2768 (32.585)	0.1862 (4.136)	0.3119 (5.288)
P5	-0.10% (-0.363)	1.2425 (31.659)	0.1681 (3.727)	0.2634 (4.459)

[그림 7. 4]와 [표 7. 6]은 '매출총이익 상위 30% 포트폴리오 - 매출총이익 하위 30% 포트폴리오$^{\text{PMU : Profitable Minus Unprofitable}}$'를 누적한 결과값이다. 장기적으로 고수익성 주식이 저수익성 주식 대비 우수한 성과를 보이며, 3팩터 결과를 통해 밸류 팩터^{HML}와 반대의 관계가 있음이 확인된다.

[그림 7. 4] 고수익성 - 저수익성 포트폴리오 누적 수익률(2000~2016)

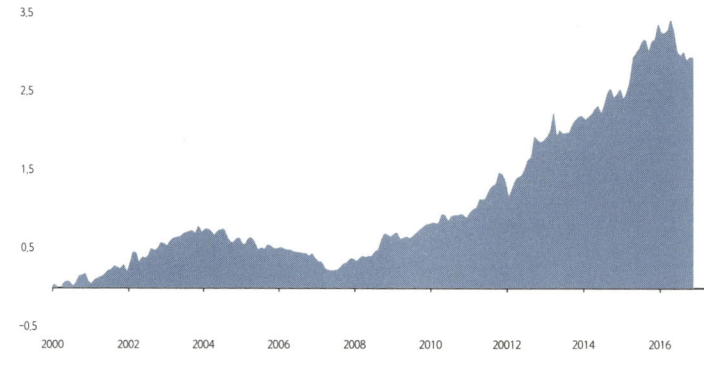

[표 7. 6] 고수익성 - 저수익성 포트폴리오 통계값

	연간 수익률 (산술)	연간 수익률 (기하)	연율화 변동성	샤프 지수	승률	최대 손실률
PMU	8.89%	8.44%	12.41%	0.6801	61.27%	31.57%

	월간 α	MKT	SMB	HML
PMU	1.20% (4.961)	-0.2193 (-6.110)	-0.0984 (-2.386)	-0.2421 (-4.483)

퀄리티 팩터의 체계화, QMJ

개별 지표 위주로 이루어지던 퀄리티 팩터에 대한 연구는 애스네스, 프라지니[Frazzini], 페데르센[Pedersen] [51]에 의해 본격적으로 복합적, 체계적으로 연구되었다. 그들은 퀄리티 팩터를 크게 수익성[Profitability], 성장성[Growth], 안전성[Safety], 지불금[Payout]으로 나누었다.

$$Quality = z(Profitability + Growth + Safety + Payout)$$

먼저 수익성은 매출총이익/자산[GPOA], 순이익을 자본으로 나눈 자기자본수익률[ROE], 순이익을 자산으로 나눈 총자산수익률[ROA], 현금 수익을 자산으로 나눈 총자산 대비 현금흐름[CFOA], 매출총이익을 매출액으로 나눈 매출총이익률[GMAR], 감가상각비와 운전자본 증가량 차이를 자산으로 나눈 저발생액[ACC]로 구성되며, 수익이 높을수록 좋은 것으로 해석된다.

---

51 Clifford S. Asness, Andrea Frazzini, and Lasse Heje Pedersen.(2014). "Quality Minus Junk". AQR Capital.

성장성은 5년간 매출총이익의 증가를 자산으로 나눈 값$^{\Delta GPOA}$, 5년간 순이익의 증가를 자본으로 나눈 값$^{\Delta ROE}$, 5년간 순이익의 증가를 자산으로 나눈 값$^{\Delta ROA}$, 5년간 현금 수익을 자산으로 나눈 값$^{\Delta COFA}$, 5년간 매출총이익의 증가를 매출액으로 나눈 값$^{\Delta GMAR}$, 5년간 발생액의 증가를 자산으로 나눈 값$^{\Delta Accruals}$으로 구성되며, 성장이 높을수록 좋은 것으로 해석된다.

안정성은 베타^{BaB}, 기업의 고유변동성^{IVOL}, 기업의 부채를 자산으로 나눈 레버리지^{LEV}, 올슨^{Ohlson}의 O-Score와 알트만^{Altman}의 Z-Score를 이용한 부도위험$^{O, Z}$, 과거 60분기 ROE의 혹은 5년 ROE의 변동성^{EVOL}으로 구성되며, 해당 값들이 낮을수록 좋은 것으로 해석된다.

지불금은 주식 발행^{EISS}, 부채 발행^{DISS}, 과거 5년간 순지불(순이익 - 장부 가치의 변화)을 5년간 총이익으로 나눈 값^{Npop}으로 구성되며, 발행은 낮을수록 지불은 높을수록 좋은 것으로 해석된다.

위의 항목들은 이미 살펴본 F-Score의 항목들과 개념적으로 상당 부분 유사하며, 겹치는 항목도 존재한다. 그러나 기존 F-Score는 조건을 만족하면 0 아니면 1이라는 2진법^{Binary}의 개념이었으며, 각 점수에 포함되는 종목의 수가 일정하지 않았다. 그러나 QMJ에서는 각 항목별 상대 강도$^{Relative Strength}$를 구하고, 점수의 합을 통해 포트폴리오를 구성하므로, 포트폴리오 내 종목의 수가 일정하다.

우량성을 계산하는 방법은 다음과 같다. 먼저 각 항목별 순위를 매긴 후, 매겨진 순위를 바탕으로 각 종목별 Z-Score를 계산한다. 그 후, 지표 내 모든 항목의 Z-Score를 합한 후, 합한 값들을 바탕으로 Z-Score를 다시 구해준다.

예를 들어, 수익성 항목에서는 매출총이익, ROE, ROA, 현금흐름, 매출총이익률, 발생액 각각의 순위를 매긴 후 종목별 Z-Score로 환산하며, 해당 Z-Score 값들을 모두 더한 값들의 Z-Score를 구해주면, 해당 종목의 수익성 내 우량성이 계산된다. 같은 작업을 성장성, 안정성, 지불금에도 적용하며, 4개 항목의 Z-Score 합계가 최종 우량성이다. [표 7. 7]는 각 지표에 대한 설명이다.

[표 7. 7] 퀄리티 팩터의 각 지표별 설명

지표	항목	설명
수익성	GPOA	매출총이익/자산
	ROE	순이익/자본
	ROA	순이익/자산
	CFOA	(순이익 + 감가상각비 − Δ운전자본 − CAPEX)/자산
	GMAR	매출총이익/매출액
	ACC	−(Δ운전자본 + 감가상각비)/자산
성장성	ΔGPOA	(매출총이익$_t$ − 매출총이익$_{t-5}$)/자산$_{t-5}$
	ΔROE	(순이익$_t$ − 순이익$_{t-5}$)/자본$_{t-5}$
	ΔROA	(순이익$_t$ − 순이익$_{t-5}$)/자산$_{t-5}$
	ΔCFOA	(CF$_t$ − CF$_{t-5}$)/자산$_{t-5}$
	ΔGMAR	(매출총이익$_t$ − 매출총이익$_{t-5}$)/매출액$_{t-5}$
	ΔACC	(발생액$_t$ − 발생액$_{t-5}$)/자산$_{t-5}$
안전성	BaB	베타
	IVOL	기업의 고유변동성
	LEV	(장기 부채 + 단기 부채 + 소수주주지분 + 우선주)/자산

지표	항목	설명
안전성	O	Ohlson's O-Score[52]
	Z	Altman's Z-Score[53]
	EVOL	60 분기 ROE의 변동성 혹은 5년 ROE의 변동성
지불금	EISS	연간 발행주식수의 변화
	DISS	연간 부채의 변화
	NPOP	(순이익 − 장부 가치의 변화)의 합/수익의 5년 합계

연구 결과를 요약하면, 우량한 기업일수록 장부가 대비 시장가가 높아 상대적으로 주식의 가격이 높았고, 이는 시장 효율성과 부합하는 내용이다. 그럼에도 불구하고, 우량주를 매수하고 불량주를 공매도하는 QMJ 전략은 상당히 유의미한 수익을 거두어, HML 팩터와 별도로 퀄리티 팩터는 수익률과 높은 연관이 있다.

현재 우량한 기업은 5~10년 후에도 우량한 기업으로 남는 경우가 많았으며, QMJ 팩터는 베타가 낮아 시장 위기 시 뛰어난 성과를 보임이 확인된다.

한국 주식 시장 내 우량 효과

다음으로 실제 한국 주식 시장 내 우량 효과가 있는지 확인

---

52 James A. Ohlson. (1980). "Financial Ratios and the Probabilistic Prediction of Bankruptcy". Journal of Accounting Research. Vol.18, No.1(Spring,1980), pp.109-131
53 Edward I. Altman. (1968). "Financial Ratios, Discriminant Analysis and the Prediction of Corporate Bankruptcy". The Journal of Finance. Vol.23, No.4(Sep.,1968), pp.589-609

하기 위해 백테스트를 실시한다. 2000년부터 2016년까지 KOSPI 종목을 대상으로, 회계 정보의 반영 기간을 고려하여 매년 5월 초에 전년 말 기준 우량 정도를 구한다. 계산된 값에 따라 우량 정도가 높은 순부터 낮은 순으로 5개 포트폴리오를 구성하며, 1년간 각 포트폴리오를 유지한 후 차년도 5월에 다시 리밸런싱을 실시한다.

우량성의 판단에 사용되는 지표는 'QMJ'의 내용 및 타 논문을 응용하여 구성한다. 먼저 수익성 지표는 매출총이익/총자산, 영업활동현금흐름/총자산, 매출총이익/매출액, 매출액/총자산으로 구한다.

성장성 지표는 5년간 매출총이익의 증가를 총자산으로 나눈 값, 5년간 영업활동현금흐름의 증가를 총자산으로 나눈 값, 5년간 매출총이익의 증가를 매출액으로 나눈 값, 전년 대비 매출액/총자산의 증가 값으로 구한다.

안전성 지표는 부채/총자산, 5년간 매출총이익/총자산의 변동성, 5년간 영업활동현금흐름/총자산의 변동성을 사용한다. 지불금 지표는 사용하지 않으며 [표 7. 8]은 이를 요약한 것이다.

[표 7. 8] 퀄리티 팩터의 각 지표별 설명

지표	항목	설명
수익성	GPOA	매출총이익/총자산
	CFOA	영업활동현금흐름/자산
	GMAR	매출총이익/매출액
	TURN	매출액/총자산
성장성	ΔGPOA	(매출총이익$_t$ - 매출총이익$_{t-5}$)/자산$_{t-5}$
	ΔCFOA	(영업활동현금흐름$_t$ - 영업활동현금흐름$_{t-5}$)/자산$_{t-5}$
	ΔGMAR	(매출총이익$_t$ - 매출총이익$_{t-5}$)/매출액$_{t-5}$
	ΔTURN	매출액$_t$/총자산$_t$ - 매출액$_{t-1}$/총자산$_{t-1}$

지표	항목	설명
안전성	LEV	총부채/총자산
	GPVOL	5년간(매출총이익/총자산)의 변동성
	CFVOL	5년간(영업활동현금흐름/총자산)의 변동성

[그림 7. 5] 와 [표 7. 9]는 우량성 포트폴리오의 백테스트 결과이다. 우량성이 높은 P1과 P2 포트폴리오가 타 포트폴리오 대비 수익률이 높다.

[그림 7. 5] 우량 포트폴리오 누적 수익률(2000~2016)

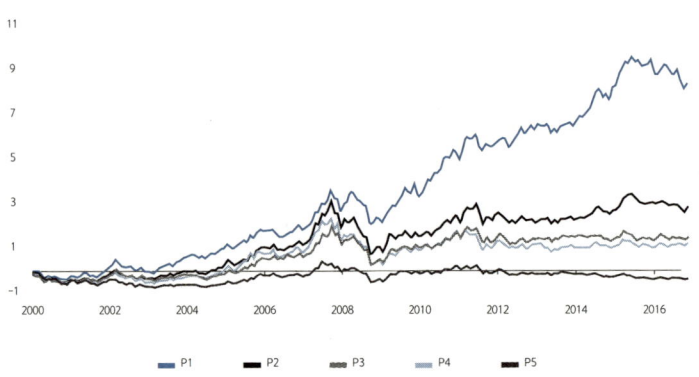

[표 7. 9] 우량성 포트폴리오 통계값

	연간 수익률 (산술)	연간 수익률 (기하)	연율화 변동성	샤프 지수	승률	최대 손실률
P1	15.26%	14.03%	20.36%	0.6894	59.80%	38.80%
P2	11.14%	8.25%	25.22%	0.3272	56.86%	55.91%
P3	9.23%	5.53%	27.50%	0.2012	53.43%	55.07%
P4	9.13%	4.78%	29.58%	0.1616	53.43%	60.51%
P5	2.60%	-2.65%	32.53%	-0.0815	49.02%	72.96%

	월간 α	MKT	SMB	HML
P1	0.89% (4.213)	0.8169 (26.117)	0.1232 (3.429)	0.0838 (1.780)
P2	0.34% (1.495)	1.0541 (31.561)	0.2262 (5.893)	0.1612 (3.206)
P3	0.14% (0.656)	1.1752 (37.033)	0.2256 (6.186)	0.1648 (3.450)
P4	0.05% (0.206)	1.2547 (35.123)	0.2259 (5.502)	0.2037 (3.790)
P5	-0.78% (-2.701)	1.3601 (31.839)	0.4710 (9.596)	0.3307 (5.144)

[표 7. 10]은 퀄리티 팩터를 구성하는 지표인 수익성, 성장성, 안전성 각각에 대한 포트폴리오 및 각 지표들의 '상위 30% 포트폴리오-하위 30% 포트폴리오'의 테스트이며, [그림 7. 6]은 각 지표 별 Long Short 포트폴리오의 누적 수익률이다. 각 팩터들인 수익성, 성장성, 안전성이 높을수록, 즉 우량성과 연관이 높을수록 수익률도 높음이 확인된다.

모든 항목의 롱숏$^{Long-Short}$ 포트폴리오가 유의미한 초과 수익률을 보이며, 논문에서 말한 것과 같이 시장 베타가 음수임이 확인된다. 또한 안정성을 제외한 항목에서 HML 베타 역시 음수값을 보여, 우량성과 가치는 역의 관계가 있음이 확인된다.

[표 7. 10] 우량성의 각 지표별 포트폴리오 통계값

	수익성					
	연간 수익률 (산술)	연간 수익률 (기하)	연율화 변동성	샤프 지수	승률	최대 손실률
P1	12.68%	11.20%	20.22%	0.5541	60.78%	43.09%
P2	12.22%	9.56%	24.82%	0.3851	59.80%	52.27%
P3	11.00%	7.50%	27.36%	0.2741	55.88%	57.69%

	수익성					
	연간 수익률 (산술)	연간 수익률 (기하)	연율화 변동성	샤프 지수	승률	최대 손실률
P4	9.73%	5.46%	29.47%	0.1854	53.92%	60.14%
P5	5.79%	1.05%	30.46%	0.0346	54.41%	64.73%

	월간 α	MKT	SMB	HML
P1	0.77% (4.453)	0.8429 (32.874)	0.0975 (3.309)	0.0222 (0.574)
P2	0.54% (2.607)	1.0428 (33.846)	0.1369 (3.868)	0.1032 (2.226)
P3	0.16% (0.694)	1.1539 (34.763)	0.1643 (4.306)	0.2615 (5.235)
P4	−0.10% (−0.394)	1.2423 (34.258)	0.2249 (5.397)	0.3304 (6.0540)
P5	−0.36% (−1.370)	1.2804 (33.317)	0.2209 (5.002)	0.2811 (4.860)

	성장성					
	연간 수익률 (산술)	연간 수익률 (기하)	연율화 변동성	샤프 지수	승률	최대 손실률
P1	12.57%	10.06%	24.41%	0.4123	56.37%	47.70%
P2	11.66%	8.98%	24.62%	0.3646	56.37%	50.90%
P3	8.48%	5.31%	25.45%	0.2086	56.86%	59.01%
P4	10.91%	7.27%	27.58%	0.2637	55.88%	63.23%
P5	6.95%	2.54%	29.77%	0.0854	53.43%	60.01%

	월간 α	MKT	SMB	HML
P1	0.79% (3.485)	0.9991 (29.750)	0.1321 (3.422)	−0.0281 (−0.556)
P2	0.27% (1.485)	1.0577 (39.568)	0.1751 (5.700)	0.2396 (5.955)
P3	0.12% (0.601)	1.0799 (36.044)	0.1521 (4.418)	0.1641 (3.639)
P4	0.12% (0.542)	1.1832 (37.520)	0.3305 (9.120)	0.2525 (5.320)
P5	−0.43% (−1.530)	1.2213 (29.091)	0.4672 (9.685)	0.3660 (5.793)

	안정성					
	연간 수익률 (산술)	연간 수익률 (기하)	연율화 변동성	샤프 지수	승률	최대 손실률
P1	13.61%	11.15%	24.43%	0.4566	57.35%	48.07%
P2	13.70%	11.44%	23.70%	0.4827	61.27%	44.33%
P3	9.75%	6.80%	25.05%	0.2716	55.39%	54.44%
P4	8.28%	4.89%	26.17%	0.187	53.43%	63.00%
P5	5.73%	0.70%	32.04%	0.0218	50.00%	61.85%

	월간 α	MKT	SMB	HML
P1	0.51% (2.197)	1.0081 (29.582)	0.1940 (4.955)	0.1976 (3.853)
P2	0.42% (1.964)	0.9846 (31.433)	0.1642 (4.562)	0.2679 (5.683)
P3	0.21% (1.105)	1.0740 (37.659)	0.2302 (7.026)	0.1631 (3.801)
P4	0.01% (0.060)	1.1001 (32.490)	0.3181 (8.175)	0.1942 (3.812)
P5	−0.01% (−0.037)	1.3316 (31.210)	0.2657 (5.419)	0.0431 (0.672)

	상위 30% 포트폴리오 − 하위 30% 포트폴리오					
	연간 수익률 (산술)	연간 수익률 (기하)	연율화 변동성	샤프 지수	승률	최대 손실률
QMJ	11.13%	10.44%	15.17%	0.6884	62.75%	22.43%
수익성	10.73%	10.41%	12.54%	0.8304	61.76%	20.49%
성장성	4.70%	4.09%	11.71%	0.3495	56.37%	28.87%
안정성	9.51%	8.94%	13.56%	0.6593	59.31%	25.93%

	월간 α	MKT	SMB	HML
QMJ	1.30% (4.299)	−0.2326 (−5.194)	−0.2487 (−4.833)	−0.1614 (−2.395)
수익성	1.24% (4.972)	−0.2261 (−6.152)	−0.1454 (−3.442)	−0.1572 (−2.841)
성장성	0.68% (2.749)	−0.0372 (−1.023)	−0.1614 (−3.861)	−0.1505 (−2.748)
안정성	0.72% (2.637)	−0.1911 (−4.705)	−0.1434 (−3.071)	0.0969 (1.586)

[그림 7. 6] QMJ 팩터 누적 수익률(2000~2016)

[그림 7. 7]은 연도별 QMJ 포트폴리오와 KOSPI 수익률의 비교이다. 논문에서와 마찬가지로 2000년, 2002년, 2008년, 2011년과 같은 시장 위기 시 뛰어난 성과를 보임이 확인된다.

[그림 7. 7] QMJ 포트폴리오 연도별 수익률(2000~2016)

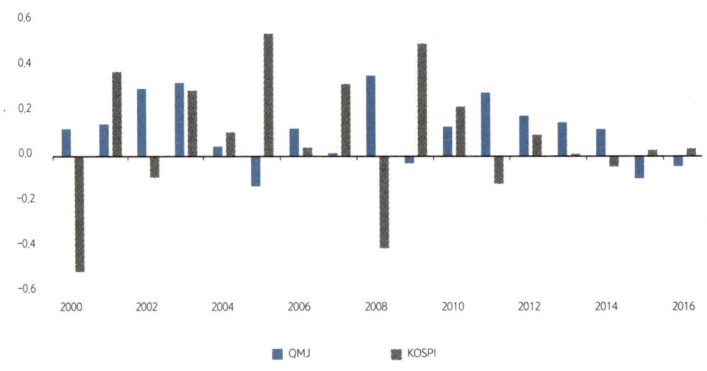

[표 7. 12]는 QMJ 및 각 지표 수익률의 상관관계이다. 대부분의 팩터의 상관관계가 높으며, 특히 QMJ와 수익성이 높은 상관

관계를 보인다. 반면, 성장성과 안전성은 서로 간에 다소 낮은 상관관계를 보인다.

[표 7. 12] QMJ 및 각 지표 수익률의 상관관계

	QMJ	수익성	성장성	안전성
QMJ	1.00			
수익성	0.85	1.00		
성장성	0.75	0.65	1.00	
안전성	0.75	0.56	0.32	1.00

08 | 밸류 팩터
(Value Factor)

가치, 그 기나긴 역사

가치 효과$^{Value\ Effect}$란 내재 가치$^{Fundamental\ Value}$ 대비 낮은 가격의 주식(저PER, 저PBR 등)이, 내재 가치 대비 비싼 주식보다 수익률이 높은 현상을 뜻한다. 가치 효과는 무려 1934년 투자의 바이블인 '증권분석[54]'에서도 언급될 만큼 그 역사가 오래되었다.

금융에서 밸류 팩터는 자주 연구되는 주제 중 하나이다. 바수^{Basu}는 1977년 논문[55]에서, 전통적 가치 지표인 PER(시장 가격/주당순이익)가 낮을수록 수익이 높음을 밝혀냈다. 그 후에도 여러 연구들을 통해, PER 이외의 다른 가치 지표들도 수익과 높은 연관이 있음이 밝혀졌다. 그리고 파마-프렌치의 연구를 통해, 가치주^{Low}

---

54 Benjamin Graham, David Dodd. "Security Analysis".
55 Basu, Sanjay.(1977). "Investment Performance of Common Stocks in Relation to their Price--Earnings Ratio: A Test of the Efficient Market Hypothesis." Journal of Finance. 12:3, 129--56.

Valuation가 성장주High Valuation보다 장기적으로 성과가 우수함이 확인되었고, 가치 효과를 나타내는 HML 팩터는 3팩터 모델에서 수익률을 설명하는 중요한 팩터로 남게 되었다.

가치 지표 간의 경마

가치를 나타내는 지표는 굉장히 많지만, 일반적으로 PER, PBR, PCR, PSR가 가장 많이 사용된다. 물론 EV/EBIT이나 EV/EBITDA와 같이 기업 가치를 활용한 지표도 수익률과 높은 연관[56]이 있지만, 비교의 통일성을 위해 본 책에서는 위의 4가지 지표에 대해서만 테스트 하기로 한다.

[표 8. 1] 각 가치 지표의 구성 방법

분모	내용
EPS	Earnings Per Share, 주당순이익
BPS	Book Value Per Share, 주당순자산가치
CFPS	Cash Flow Per Share, 주당현금흐름
SPS	Sales Per Share, 주당매출액

한국 주식 시장 내에서 각 가치 지표 간 수익률 비교를 위해 백테스트를 실시한다. 2000년부터 2016년까지 KOSPI 종목을 대상으로, 가치 지표를 매월 측정하며, 예견 편향을 피하기 위해 1, 2, 3월 말에는 전전년$^{T-2}$ 지표를 사용한다. 계산된 가치 지표를 기준으

---

[56] Tim Loughran and Jay W. Wellman,(2012), "New Evidence on the Relation between the Enterprise Multiple and Average Stock Returns", Journal of Financial and Quantitative Analysis, Vol. 46, issue 06, pages 1629-1650.

로 시가총액가중 포트폴리오를 구성하며, 분기별로 포트폴리오를 리밸런싱한다.

먼저 [표 8. 2]는 각 지표 간 1~5분위의 통계 값이다. P1이 가장 밸류에이션이 낮은 가치 포트폴리오이며, P5가 가장 밸류에이션이 높은 성장 포트폴리오이다. 모든 지표에서 1분위 포트폴리오가 5분위 포트폴리오 대비 우월한 성과를 보인다.

[표 8. 2] 각 가치 지표의 포트폴리오 통계값

	PER					
	연간 수익률 (산술)	연간 수익률 (기하)	연율화 변동성	샤프 지수	승률	최대 손실률
P1	18.09%	14.76%	29.36%	0.5027	57.84%	53.60%
P2	11.51%	9.09%	23.54%	0.3863	57.84%	49.19%
P3	6.39%	3.69%	23.35%	0.1579	56.37%	57.56%
P4	6.99%	3.53%	26.56%	0.1331	54.90%	59.49%
P5	5.24%	−0.04%	32.95%	−0.0011	48.53%	63.17%

	월간 α	MKT	SMB	HML
P1	0.49% (1.863)	1.2219 (31.127)	0.3561 (7.895)	0.3815 (6.457)
P2	0.24% (1.182)	0.9826 (32.708)	0.1484 (4.298)	0.2667 (5.898)
P3	0.09% (0.481)	0.9872 (36.088)	0.1042 (3.315)	0.0977 (2.373)
P4	0.29% (1.327)	1.1029 (34.147)	0.0463 (1.247)	−0.0094 (−0.194)
P5	−0.55% (−1.667)	1.3437 (27.628)	0.4166 (7.454)	0.3341 (4.565)

	PBR						
	연간 수익률 (산술)	연간 수익률 (기하)	연율화 변동성	샤프 지수	승률	최대 손실률	
P1	16.46%	12.77%	29.88%	0.4275	54.90%	53.45%	
P2	17.48%	14.66%	27.39%	0.5353	57.84%	53.15%	
P3	12.52%	9.69%	25.48%	0.3803	57.84%	47.85%	
P4	7.78%	4.72%	25.22%	0.187	53.92%	53.30%	
P5	3.18%	−0.28%	26.20%	−0.0107	55.39%	73.18%	

	월간 α	MKT	SMB	HML
P1	−0.06% (−0.213)	1.1998 (28.548)	0.5165 (10.695)	0.628 (9.928)
P2	0.36% (1.530)	1.1414 (32.799)	0.2817 (7.045)	0.4593 (8.770)
P3	0.18% (0.936)	1.0893 (39.249)	0.1851 (5.803)	0.3375 (8.079)
P4	0.17% (0.989)	1.0797 (41.590)	0.0787 (2.638)	0.1051 (2.691)
P5	0.23% (0.969)	1.0609 (30.666)	0.0679 (1.708)	−0.1672 (−3.212)

	PCR						
	연간 수익률 (산술)	연간 수익률 (기하)	연율화 변동성	샤프 지수	승률	최대 손실률	
P1	16.97%	14.08%	27.53%	0.5115	57.84%	47.62%	
P2	13.14%	10.59%	24.53%	0.4316	57.84%	50.48%	
P3	10.18%	7.41%	24.59%	0.3013	55.39%	52.18%	
P4	6.32%	2.94%	25.95%	0.1134	57.84%	68.07%	
P5	0.93%	−3.62%	30.75%	−0.1177	50.00%	70.19%	

	월간 α	MKT	SMB	HML
P1	0.48% (1.992)	1.1539 (32.486)	0.3000 (7.350)	0.3523 (6.591)
P2	0.14% (0.737)	1.0389 (37.588)	0.1964 (6.183)	0.4009 (9.637)

	월간 α	MKT	SMB	HML
P3	0.27% (1.422)	1.0404 (36.554)	0.1021 (3.121)	0.1720 (4.016)
P4	0.30% (1.424)	1.0794 (34.248)	0.0795 (2.195)	-0.0545 (-1.150)
P5	-0.54% (-1.577)	1.2156 (24.163)	0.3078 (5.324)	0.1366 (1.805)

PSR						
	연간 수익률 (산술)	연간 수익률 (기하)	연율화 변동성	샤프 지수	승률	최대 손실률
P1	16.15%	11.67%	31.84%	0.3666	57.35%	61.46%
P2	15.42%	12.27%	27.46%	0.4467	56.37%	58.86%
P3	13.18%	10.11%	26.58%	0.3804	54.90%	53.09%
P4	12.13%	9.56%	24.67%	0.3875	55.39%	46.98%
P5	1.71%	-1.10%	23.52%	-0.0466	54.41%	70.03%

	월간 α	MKT	SMB	HML
P1	0.15% (0.510)	1.3195 (31.019)	0.3517 (7.195)	0.4840 (7.559)
P2	0.30% (1.303)	1.1513 (33.664)	0.2310 (5.879)	0.3935 (7.645)
P3	0.15% (0.713)	1.1259 (36.209)	0.2237 (6.261)	0.3765 (8.046)
P4	0.44% (2.475)	1.0525 (39.825)	0.0890 (2.931)	0.1675 (4.212)
P5	0.13% (0.717)	0.9701 (35.029)	0.0693 (2.177)	-0.1709 (-4.099)

[그림 8. 1]과 [표 8. 3]은 '가치 상위 30% 포트폴리오 - 가치 하위 30% 포트폴리오^{HML}'를 누적한 결과 값이며, [표 8. 4]는 각 지표의 HML 간 상관관계이다. 모든 지표가 장기적으로 상승하는 추세를 보인다.

[그림 8. 1] HML 포트폴리오 누적 수익률(2000~2016)

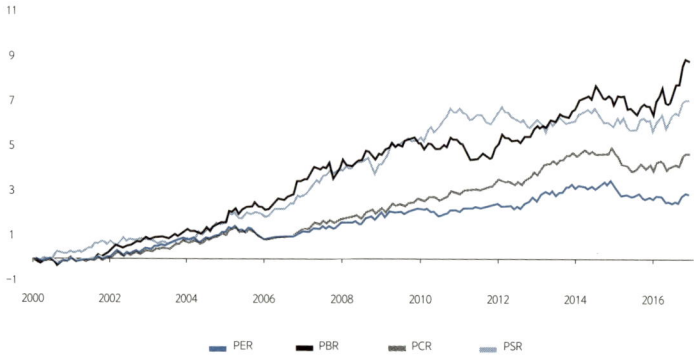

[표 8. 3] HML 포트폴리오 통계값

	연간 수익률 (산술)	연간 수익률 (기하)	연율화 변동성	샤프 지수	승률	최대 손실률
PER	9.04%	8.42%	13.66%	0.6167	61.27%	23.75%
PBR	14.69%	14.46%	14.91%	0.9699	61.76%	25.15%
PCR	11.09%	10.81%	12.60%	0.8581	63.24%	20.42%
PSR	13.29%	13.12%	13.65%	0.9607	59.31%	14.36%

	월간 α	MKT	SMB	HML
PER	0.64% (2.209)	−0.0663 (−1.560)	−0.1443 (−2.953)	0.1073 (1.677)
PBR	0.56% (1.935)	−0.0386 (−0.899)	−0.0314 (−0.637)	0.4318 (6.677)
PCR	0.66% (2.569)	−0.0539 (−1.410)	−0.1268 (−2.888)	0.1935 (3.365)
PSR	0.37% (1.398)	0.0925 (2.372)	0.1135 (2.531)	0.4366 (7.435)

[표 8. 4] 각 지표 HML 간 상관관계

	PER	PBR	PCR	PSR
PER	1.00			
PBR	0.54	1.00		

	PER	PBR	PCR	PSR
PCR	0.93	0.64	1.00	
PSR	-0.17	0.23	-0.03	1.00

[그림 8. 2]는 각 지표 HML 포트폴리오의 연도별 수익률을 나타낸 그래프이다. 대부분 기간에서 비슷한 수익률을 보이지만, 특정 지표가 타 지표 대비 우월한 혹은 부진한 성과를 기록하는 연도가 존재한다. 이러한 차이를 평활화^{Smoothing}해주기 위해, 4가지 가치 지표를 복합적으로 고려한 포트폴리오를 구성하도록 한다. 고려 방법은 이전 QMJ 방법론과 같이, 개별 지표의 랭킹을 바탕으로 Z-Score를 구하고, 4개 Z값의 합을 최종 Value 지표로 판단한다.

$$Blend = z(Rank(PER)) + z(Rank(PBR)) + z(Rank(PCR)) + z(Rank(PSR))$$

[그림 8. 2] 각 지표 HML 포트폴리오 연도별 수익률(2000~2016)

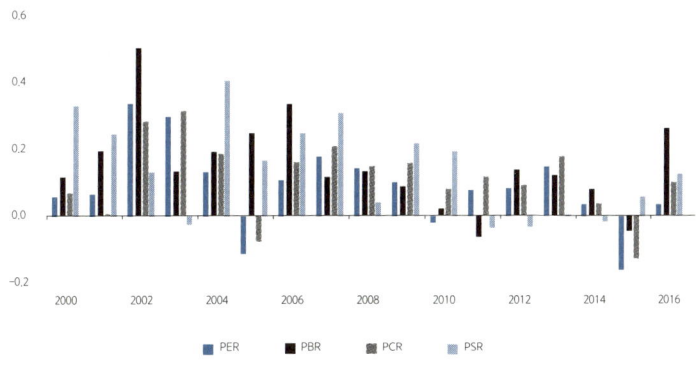

[그림 8. 3]과 [표 8. 5]는 BLEND 지표를 바탕으로 측정된

포트폴리오의 백테스트 결과이다. 1분위 포트폴리오가 5분위 포트폴리오 대비 우월한 성과를 보이며, 그 차이는 각 지표를 별개로 보는 것보다 크게 나타난다.

[그림 8. 3] BLEND 포트폴리오 누적 수익률(2000~2016)

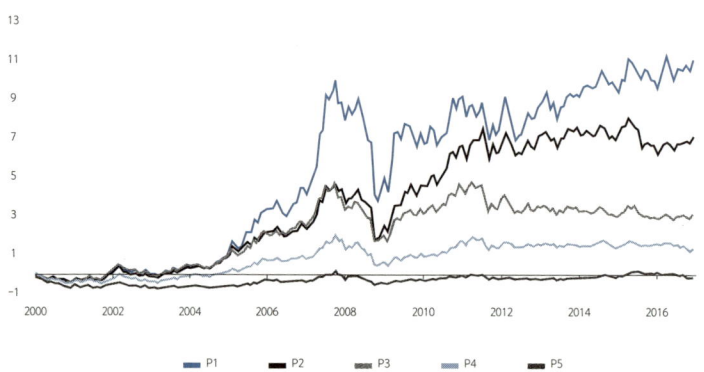

[표 8. 5] BLEND 포트폴리오 통계값

	연간 수익률 (산술)	연간 수익률 (기하)	연율화 변동성	샤프 지수	승률	최대 손실률
P1	19.02%	15.81%	29.41%	0.5375	58.33%	56.12%
P2	15.93%	13.11%	26.59%	0.4930	60.78%	49.63%
P3	11.46%	8.71%	24.87%	0.3502	54.90%	51.75%
P4	7.95%	4.96%	24.80%	0.2000	56.37%	52.92%
P5	2.74%	-1.02%	27.58%	-0.037	56.37%	71.28%

	월간 α	MKT	SMB	HML
P1	0.34% (1.224)	1.2008 (29.370)	0.3933 (8.371)	0.5280 (8.580)
P2	0.36% (1.752)	1.1285 (36.891)	0.2264 (6.440)	0.3864 (8.393)
P3	0.04% (0.235)	1.0562 (37.605)	0.1963 (6.083)	0.3683 (8.714)

	월간 α	MKT	SMB	HML
P4	0.34% (1.773)	1.0394 (36.713)	0.0353 (1.085)	0.022 (0.515)
P5	0.15% (0.587)	1.1169 (29.785)	0.1219 (2.829)	−0.1587 (−2.812)

[그림 8. 4]와 [표 8. 6]는 각 지표와 BLEND 지표의 '상위 30% 포트폴리오 - 하위 30% 포트폴리오^{HML}'을 비교한 결과이다. 4가지 지표를 동시에 고려한 BLEND 포트폴리오가 여러 측면에서 가장 우수한 성과를 보임이 확인된다.

[그림 8. 4] HML 포트폴리오 누적 수익률(2000~2016)

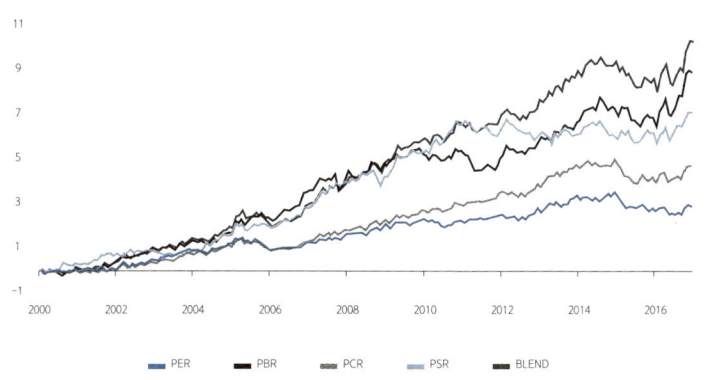

[표 8. 6] HML 포트폴리오 통계값

	연간 수익률 (산술)	연간 수익률 (기하)	연율화 변동성	샤프 지수	승률	최대 손실률
PER	9.04%	8.42%	13.66%	0.6167	61.27%	23.75%
PBR	14.69%	14.46%	14.91%	0.9699	61.76%	25.15%
PCR	11.09%	10.81%	12.60%	0.8581	63.24%	20.42%
PSR	13.29%	13.12%	13.65%	0.9607	59.31%	14.36%
BLEND	15.18%	15.31%	13.21%	1.1586	61.76%	17.69%

	월간 α	MKT	SMB	HML
PER	0.64% (2.209)	−0.0663 (−1.560)	−0.1443 (−2.953)	0.1073 (1.677)
PBR	0.56% (1.935)	−0.0386 (−0.899)	−0.0314 (−0.637)	0.4318 (6.677)
PCR	0.66% (2.569)	−0.0539 (−1.410)	−0.1268 (−2.888)	0.1935 (3.365)
PSR	0.37% (1.398)	0.0925 (2.372)	0.1135 (2.531)	0.4366 (7.435)
BLEND	0.69% (2.710)	−0.0151 (−0.399)	−0.0685 (−1.578)	0.3765 (6.625)

09 | 멀티 팩터
(Multi Factor)

팩터 간의 결합, 그 위대함

지금까지는 각 팩터의 우수성에 대해 개별적으로 살펴보았다. 그러나 팩터를 개별로 보는 것에 비해, 여러 팩터를 동시에 보는 멀티 팩터 방법론을 통해 더욱 성과를 개선시킬 수 있다. 팩터들 간의 낮은 상관관계로 인해 생기는 분산 효과로 더욱 안정적인 포트폴리오 수익을 가져다 주기 때문이다.

팩터를 조합하는 방법은 크게 혼합[Mix], 통합[Integrate], 순차[Sequential] 3가지 방법이 있다. 먼저 Mix 방법은, 단순히 서로 다른 팩터에 각각 투자하는 방법이다. 예를 들어, 1원의 투자 자금이 있다면 A 팩터에 0.5원, B 팩터에 0.5원을 투자한다. 개별 팩터에 대한 상장지수펀드[ETF: Exchange Traded Fund]가 대부분 상장되어 있기에, Mix 방법은 직관적이면서 가장 손쉽게 멀티 팩터를 구성할 수 있는 방법이다.

다음으로 Integrate 방법은, 각 종목의 팩터에 대한 순위를 계산하여 합산된 점수를 통해 포트폴리오를 구성하는 방법이다. 예를 들어, A 팩터에 대한 랭킹과 B 팩터에 대한 랭킹을 구한 후 서로의 랭킹을 합산한 것이 두 팩터를 동시에 고려한 멀티 팩터이다. 이는 각각 팩터의 장점 중 교집합에 있는 부분을 고려하는 방법이다.

마지막으로 Sequential 방법은 일종의 스크리닝^{Screening} 방법이다. 먼저 A 팩터 기준 상위 n%로 투자 유니버스를 걸러낸 후, 그 중 B 팩터 기준 상위 종목을 선택한다.

Mix 방법에서는 밸류와 모멘텀 팩터를, Integrate 방법에서는 퀄리티와 밸류 팩터를, Sequential 방법에서는 배당과 퀄리티 팩터를 이용하여 멀티 팩터 방법론의 실제 구성 방법을 살펴보겠다.

Mix 전략 : 밸류와 모멘텀

여러 논문과 실제 백테스팅 결과를 통해, 밸류 팩터와 모멘텀 팩터는 장기적으로 우수한 성과를 기록하는 팩터임이 확인되었다. 그러나 두 팩터는 서로 반대의 성격을 가지고 있다. 가치 투자는 동일 조건의 타 주식 대비 가격이 낮은 혹은 많이 하락한 주식을 매수하는 역행^{Contrarian} 투자의 성격을 가지고 있는 반면에, 모멘텀 투자는 가격이 지속적으로 상승하는 주식에 투자하는 방법이기 때문이다.

애스네스, 모스코위츠^{Moskowitz}, 페데르센은 논문[57]을 통해 전 세계 주요 지역의 주식뿐만 아니라 지수, 채권, 통화, 상품에서도 밸류 팩터와 모멘텀 팩터가 높은 수익률을 기록하며, 두 팩터에 각

---

57 Clifford S. Asness, Tobias J. Moskowitz, Lasse Heje Pedersen.(2013), "Value and Momentum Everywhere", The Journal of Finance, VOL. LXVIII, NO. 3

각 투자하는 분산 전략을 통해 성과를 더욱 개선시킬 수 있음을 보였다. [표 9. 1]는 논문의 결과를 요약한 값으로써, 밸류 기준 상위 포트폴리오^{P1} - 하위 포트폴리오^{P3}, 모멘텀 기준 상위 포트폴리오^{P1} - 하위 포트폴리오^{P3}, 두 포트폴리오에 50%씩 동일하게 투자한 Mix 포트폴리오의 수익률, 변동성, 샤프지수, 초과 수익 및 두 포트폴리오 간의 상관관계이다.[58] 대부분의 자산군에서 밸류와 모멘텀 팩터 간 상관관계가 −0.30에서 −0.60 수준으로, 두 팩터 간의 강력한 분산 효과를 기대할 수 있다. 또한 일본을 제외한 모든 자산군에서 두 팩터에의 분산 투자를 통해 샤프지수가 향상되는 모습을 확인할 수 있다.

[표 9.1] 주요 지역 주식 및 자산군의 밸류, 모멘텀 팩터 및 Mix 효과

		밸류	모멘텀	50/50
		P1 − P3	P1 − P3	P1 − P3
U.S. Stocks	Return	3.7%	5.4%	4.6%
	Volatility	12.8%	16.4%	7.2%
	Sharpe	0.29	0.33	0.63
	Alpha	5.3%	6.0%	5.7%
	Correlation			−0.53
U.K. Stocks	Return	4.5%	6.0%	6.3%
	Volatility	13.4%	15.9%	8.1%
	Sharpe	0.33	0.38	0.77
	Alpha	3.5%	6.7%	6.0%
	Correlation			−0.43

58 원문에서는 상위 포트폴리오를 P3, 하위 포트폴리오를 P1으로 표기했으나, 해당 책의 이전 표기와의 통일을 위해 반대로 표기했다.

		밸류	모멘텀	50/50
		P1 − P3	P1 − P3	P1 − P3
Europe Stocks	Return	4.8%	8.1%	5.9%
	Volatility	11.5%	14.7%	6.8%
	Sharpe	0.42	0.55	0.87
	Alpha	3.5%	9.1%	6.1%
	Correlation			−0.52
Japan Stocks	Return	12.0%	1.7%	6.4%
	Volatility	15.3%	18.6%	8.1%
	Sharpe	0.79	0.09	0.78
	Alpha	13.0%	1.7%	6.8%
	Correlation			−0.60
Global Stocks	Return	6.2%	5.6%	6.3%
	Volatility	10.9%	12.0%	6.1%
	Sharpe	0.57	0.47	1.04
	Alpha	6.6%	6.4%	6.8%
	Correlation			−0.52
Country Indices	Return	6.0%	8.7%	7.3%
	Volatility	9.8%	11.9%	6.3%
	Sharpe	0.61	0.73	1.16
	Alpha	5.9%	8.2%	7.1%
	Correlation			−0.34
Currencies	Return	3.3%	3.5%	3.4%
	Volatility	9.7%	10.3%	5.4%
	Sharpe	0.34	0.34	0.63
	Alpha	3.4%	3.6%	3.5%
	Correlation			−0.42
Fixed Income	Return	1.1%	0.4%	0.8%
	Volatility	6.3%	6.0%	4.0%
	Sharpe	0.18	0.06	0.19
	Alpha	1.9%	−0.3%	0.8%
	Correlation			−0.17
Commodities	Return	6.3%	12.4%	9.4%
	Volatility	24.2%	23.4%	13.1%
	Sharpe	0.26	0.53	0.71
	Alpha	7.7%	11.4%	9.5%
	Correlation			−0.39

		밸류	모멘텀	50/50
		P1 – P3	P1 – P3	P1 – P3
Global other Asset classes	Return	3.4%	4.6%	4.0%
	Volatility	6.4%	7.4%	3.9%
	Sharpe	0.50	0.63	1.03
	Alpha	4.0%	4.5%	4.2%
	Correlation			−0.40
Global all Asset classes	Return	4.6%	5.0%	5.0%
	Volatility	6.3%	7.5%	3.5%
	Sharpe	0.73	0.67	1.42
	Alpha	4.8%	5.2%	5.0%
	Correlation			−0.53

※ 출처 : Asness, Moskowitz, Pedersen. "Value and Momentum Everywhere"

밸류와 모멘텀 간의 분산 효과는 국내에서도 강하게 나타난다. 먼저 **[그림 9. 1]**은 기존에 테스트했던 KOSPI 종목의 밸류 기준[59] 상-하위 포트폴리오[HML]와 모멘텀 기준[60] 상-하위 포트폴리오[UMD]의 12개월 이동 상관관계이다. 대부분의 기간에서 상관관계가 매우 낮아 강한 분산 효과가 기대되며, 전체 기간의 상관관계 역시 −0.07로 매우 낮다.

---

59 논문과의 통일성을 위해 PBR 기준 HML 포트폴리오를 사용했다.
60 횡단면 모멘텀 기준 포트폴리오이다.

[그림 9. 1] 밸류, 모멘텀 팩터의 12개월 이동상관관계(2000~2016)

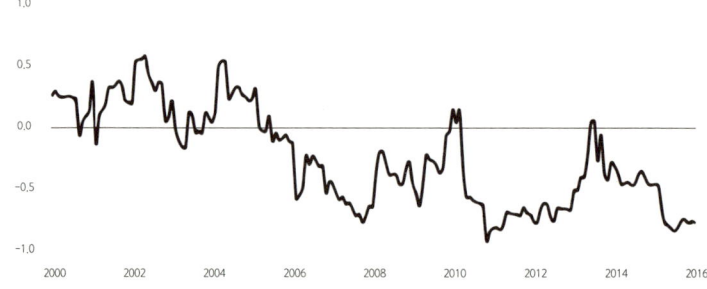

[그림 9. 2]와 [표 9. 2]는 밸류, 모멘텀 팩터 및 두 팩터에 분기별 50%씩 동일하게 투자하는 포트폴리오의 수익률 비교이다. 두 팩터는 서로 반대의 움직임을 보이며 상승하고, 하나의 팩터가 부진한 구간에서는 반대 팩터가 상승하며 서로를 보완해 준다. 최대손실율$^{MDD:\ Maximum\ Drawdown}$은 각각 25%, 35%에서 22%로 낮아졌으며, 변동성 역시 각각에 비해 낮아졌다.

[그림 9. 2] 밸류, 모멘텀 팩터 및 Mix 누적 수익률(2000~2016)

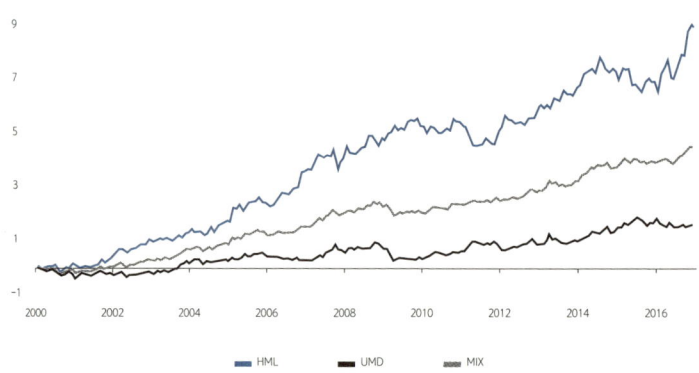

[표 9. 2] 밸류, 모멘텀 팩터 및 Mix 통계값

	연간 수익률 (산술)	연간 수익률 (기하)	연율화 변동성	샤프 지수	승률	최대 손실률
HML	14.69%	14.46%	14.91%	0.9699	61.76%	25.15%
UMD	7.19%	5.87%	17.00%	0.3454	58.33%	35.37%
MIX	10.70%	10.57%	10.92%	0.9685	65.69%	21.97%

	월간 α	MKT	SMB	HML
HML	0.56% (1.935)	−0.0386 (−0.899)	−0.0314 (−0.637)	0.4318 (6.677)
UMD	0.58% (1.577)	−0.0937 (−1.722)	−0.0931 (−1.490)	0.0418 (0.511)
MIX	0.55% (2.513)	−0.0639 (−1.968)	−0.0641 (−1.720)	0.2361 (4.833)

[그림 9. 3]는 HML, UMD 및 각 팩터에 50%씩 투자한 MIX 포트폴리오의 연도별 수익률이다. 대부분 구간에서 두 팩터는 상반된 수익률을 보이지만, 둘 간의 낮은 상관관계로 인해 MIX 포트폴리오는 양의 수익률을 보임이 확인된다.

[그림 9. 3] HML, UMD 및 MIX 포트폴리오 연도별 수익률(2000~2016)

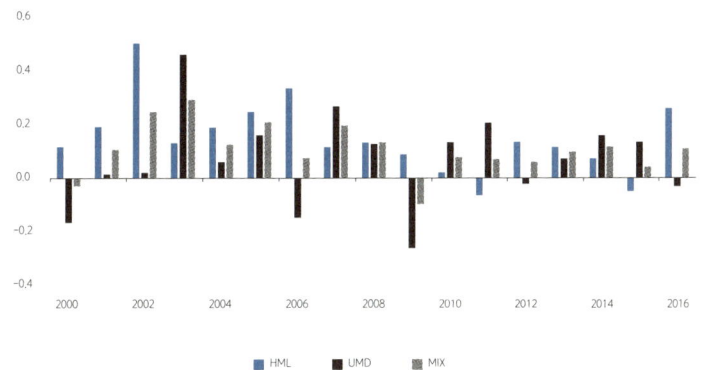

Integrate 전략 : 퀄리티와 밸류

가치 투자의 아버지인 벤저민 그레이엄조차 종목 선정에 있어 기업의 우량성뿐만 아니라 PBR, PER를 통해 가치 지표를 함께 보았고, 워런 버핏은 '우량한 기업을 적정한 가격에 사는 것[61]'이 중요하다고 말했다. 따라서 가치 투자에 있어 퀄리티 팩터와 밸류 팩터를 동시에 보는 것이 매우 중요하다.

[표 9. 3]은 퀄리티 팩터와 밸류 팩터 간의 관계를 나타낸 표이다. 가치주는 상대적으로 가격이 낮은 대신 불량한 기업이 많으며, 우량주는 기업이 재무적으로 안정적인 대신 상대적으로 가격이 높게 거래된다. 따라서 퀄리티 팩터와 밸류 팩터를 복합적으로 고려하면, 기업이 우량하면서 상대적으로 가격이 낮은 ④번 포트폴리오를 매수하고, 기업이 불량하면서 상대적으로 가격이 높은 ②번 포트폴리오를 매도하는 것이 합리적이다.

[표 9. 3] 퀄리티 팩터와 밸류 팩터 간의 관계

퀄리티 팩터	밸류 팩터	
	Expensive	Cheap
Junk	② Worst	① Value
Quality	③ Quality	④ Best

---

61 Warren Buffett, "Chairman's Letter", Berkshire Hathaway, Inc. Annual Report, 1989.

우량 가치 전략 중 가장 유명한 전략은 조엘 그린블라트[Joel Greenblatt]의 '마법 공식[Magic Formula]' 이다. 본인의 종목 선택에 핵심이 되었던 두 가지 지표를 통해 1985년부터 2005년까지 약 20년 동안 연 평균 40%의 수익률을 기록한 그는, 저서[62]를 통해 마법 공식을 공유했다.

그가 사용했던 두 가지 지표 중 첫 번째 지표는 투자 자본수익률[ROC: Return On Capital]이다.[63] 이는 기업이 실제 영업활동에 투입한 자산으로 영업이익을 얼마나 냈는가를 평가하는 지표이며, 일종의 퀄리티 팩터로 생각할 수 있다. 두 번째 지표는 이율[Earnings Yield] 로써[64], 기업의 가치 대비 이익이 얼마인지를 평가하는 지표이며, 이는 밸류 팩터로 생각할 수 있다. 마법 공식은 이 두 가지 지표의 랭킹을 합한 후, 합이 낮은 종목을 매수한 뒤 1년 후 리밸런싱을 하는 방법이다.

막스 교수는 본인의 기존 논문[65]을 보완하여, 여러 퀄리티 팩터와 밸류 팩터를 비교했다. 기존에 널리 알려진 퀄리티 팩터를 측정하는 그레이엄 방식, 그랜섬[Grantham] 방식, 마법 공식의 ROC, 피오트로스키[Piotroski]의 F-Score 등에 비해 본인의 매출총이익 지표가 가장 우수한 성과를 나타냄을 보였다. 또한 PBR과의 낮은 상관관계

---

62 Joel Greenblatt, 『The Little Book that Beats the Market』. 한글로는 『주식 시장을 이기는 작은책』으로 번역 및 출판되었다.
63 투하 자본 수익률 : 이자 및 세전이익/(유형자산 + 무형자산 + 유동자산 - 유동부채 - 현금)으로써, 간단하게 (Net Operating Profit - Adjsted Taxed)/Invested Capital 로 표현된다.
64 이율 : 이자 및 세전이익/기업가치(시가총액 + 부채 - 현금)로써 간단하게 EBIT/Total Enterprise Value로 표현된다.
65 Robert Novy-Marx,(2012), "Quality Investing".

를 바탕으로, 매출총이익과 밸류를 동시에 보는 수익성 밸류$^{Profitable\ Value}$ 포트폴리오가 기존 대비 성과를 개선시킬 수 있음도 보였다.

[그림 9. 4]는 기존에 테스트했던 KOSPI 종목의 매출총이익 기준 상-하위 포트폴리오$^{PMU\ :\ Profitable\ Minus\ Unprofitable}$와 HML의 12개월 이동 상관관계이다. 대부분의 기간에서 상관관계가 매우 낮아 강한 분산 효과가 기대되며, 전체 기간의 상관관계가 -0.09로써 매우 낮다.

[그림 9. 4] 퀄리티, 밸류 팩터의 12개월 이동 상관관계(2000~2016)

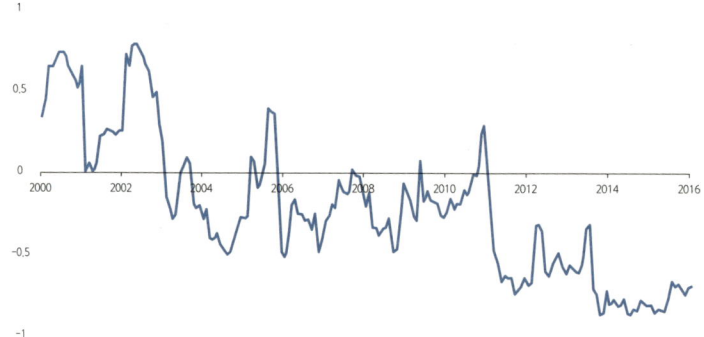

퀄리티와 밸류 팩터를 동시에 고려한 퀄리티 밸류 팩터의 성과를 알아보기 위해 백테스팅을 실시한다. 2000년부터 2016년까지 KOSPI 종목을 대상으로, 회계 정보의 반영 기간을 고려하여 매년 5월 초에 전년 말 기준 매출총이익/총자산과 PBR을 구한다. 각각의 팩터에 대한 랭킹을 매긴 후, 랭킹의 합이 낮은순부터 높은순으로 5개 포트폴리오를 구성한다. 1년간 각 포트폴리오를 유지한 후 차년도 5월에 다시 리밸런싱을 실시한다.

[그림 9. 5]와 [표 9. 4]는 퀄리티 밸류 포트폴리오의 백테스트 결과이다. 저평가 우량주인 P1 포트폴리오의 수익이 압도적으로 높으며, 고평가 불량주인 P5 포트폴리오의 수익이 굉장히 낮음이 확인된다.

[그림 9. 5] 퀄리티 밸류 포트폴리오 누적 수익률(2000~2016)

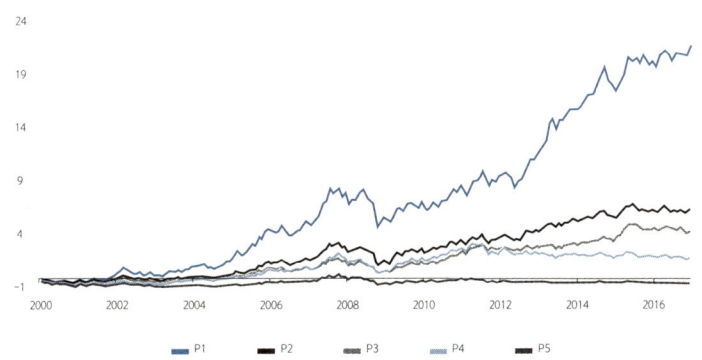

[표 9. 4] 퀄리티 밸류 포트폴리오 통계값

	연간 수익률 (산술)	연간 수익률 (기하)	연율화 변동성	샤프 지수	승률	최대 손실률
P1	21.20%	20.22%	23.18%	0.8725	64.22%	37.21%
P2	14.44%	12.58%	22.53%	0.5583	57.35%	44.31%
P3	12.58%	10.52%	22.56%	0.4665	57.35%	51.19%
P4	10.01%	6.71%	26.56%	0.2527	54.90%	54.49%
P5	1.98%	-2.92%	31.00%	-0.0943	55.39%	72.98%

	월간 α	MKT	SMB	HML
P1	0.85% (3.812)	0.9457 (28.815)	0.3479 (9.225)	0.3715 (7.520)
P2	0.53% (2.613)	0.9425 (31.611)	0.2661 (7.767)	0.2289 (5.100)

	월간 α	MKT	SMB	HML
P3	0.50% (2.615)	0.9453 (33.409)	0.1179 (3.626)	0.1688 (3.963)
P4	0.31% (1.665)	1.1329 (41.131)	0.0618 (1.953)	0.1297 (3.130)
P5	-0.38% (-1.491)	1.3054 (34.862)	0.1484 (3.450)	0.0994 (1.763)

[그림 9. 6]은 '퀄리티 밸류 상위 30% 포트폴리오 - 퀄리티 밸류 하위 30% 포트폴리오'를 누적한 결과값이며, [표 9. 5]는 기존 PMU, HML과 퀄리티 밸류 팩터를 비교한 표이다. 기존 퀄리티 팩터와 밸류 팩터 대비 퀄리티 밸류 팩터의 수익률이 훨씬 높음이 확인된다.

[그림 9. 6] 퀄리티 밸류 팩터 누적 수익률(2000~2016)

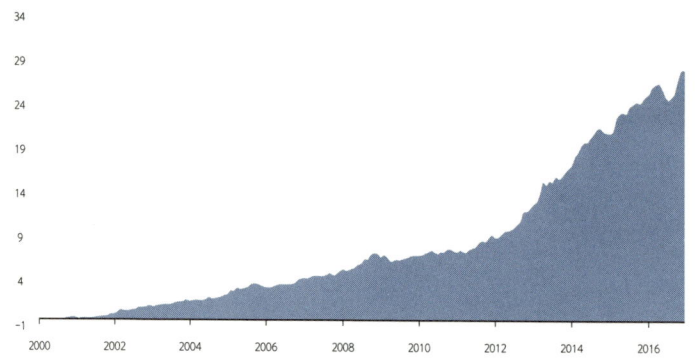

[표 9.5] 퀄리티, 밸류 및 퀄리티 밸류 팩터 통계값

	연간 수익률 (산술)	연간 수익률 (기하)	연율화 변동성	샤프 지수	승률	최대 손실률
HML	14.69%	14.46%	14.91%	0.9699	61.76%	25.15%
PMU	8.89%	8.44%	12.41%	0.6801	61.27%	31.57%

	연간 수익률 (산술)	연간 수익률 (기하)	연율화 변동성	샤프 지수	승률	최대 손실률
Quality Value	21.14%	21.99%	14.94%	1.4716	70.10%	22.12%

	월간 α	MKT	SMB	HML
HML	0.56% (1.935)	-0.0386 (-0.899)	-0.0314 (-0.637)	0.4318 (6.677)
PMU	1.20% (4.961)	-0.2193 (-6.110)	-0.0984 (-2.386)	-0.2421 (-4.483)
Quality Value	1.49% (4.921)	-0.1935 (-4.321)	-0.0601 (-1.168)	0.2142 (3.179)

Sequential 전략 : 퀄리티와 고배당

배당의 사전적 의미는 기업이 일정 기간 동안 영업활동을 통해 발생한 이익 중 일부를 주주들에게 나눠주는 것이다. 결국 기업이 배당을 지속적으로 지급하기 위해서는 기업 수익성의 지속 여부가 필수적이다. 기업의 수익성이 낮은 상태에서 배당을 많이 준다는 것은 일회성일 경우가 많으며, 지속적인 배당을 기대할 수 없다. 또한, 기업의 장기적인 성장에도 악영향을 미친다. 따라서 퀄리티가 전제된 고배당주를 택하는 것이 합리적이다.

[표 9. 6]은 KOSPI에 상장된 전체 종목 중, 배당 수익률과 퀄리티[66] 그룹 간 실제 연율화 수익률 및 연율화 샤프지수이다. 퀄리티를 기준으로 했을 때, 배당 수익률이 높을수록 수익률도 높음을 확인할 수 있다. 배당 수익률을 기준으로는 저퀄리티 군의 수익

---

66 우량성 지표는 국내의 QMJ 테스트에 사용했던 값을 사용한다.

률이 낮은 것을 확인할 수 있다. 따라서, 저퀄리티 종목을 제외한 유니버스 중 고배당 종목을 선택하는 방법이 효과적일 수 있다.

[표 9. 6] 배당 수익률, 퀄리티 그룹 간 수익률(2000~2016)

	배당 수익률		
	저		고
퀄리티 저	1.47% (0.0564)	10.75% (0.4080)	17.01% (0.6457)
	5.46% (0.2041)	15.55% (0.6043)	20.01% (0.8420)
고	12.74% (0.5524)	17.58% (0.7821)	16.94% (0.7943)

[그림 9. 7]과 [표 9. 7]은 2000년부터 2016년까지 KOSPI에 상장된 전체 종목을 대상으로 단순 배당 수익률 상위 50종목 포트폴리오와 퀄리티 기준 하위 30%를 제외한, 즉 퀄리티 기준 상위 70% 종목으로 스크리닝을 한 후 배당 수익률 상위 50종목 포트폴리오의 비교이다. 후자의 경우 퀄리티 팩터로 약간의 편중이 있어, 단순 고배당 대비 다소 향상된 수익률을 보인다.

[그림 9. 7] 고배당 및 퀄리티 고배당 포트폴리오 누적 수익률(2000~2016)

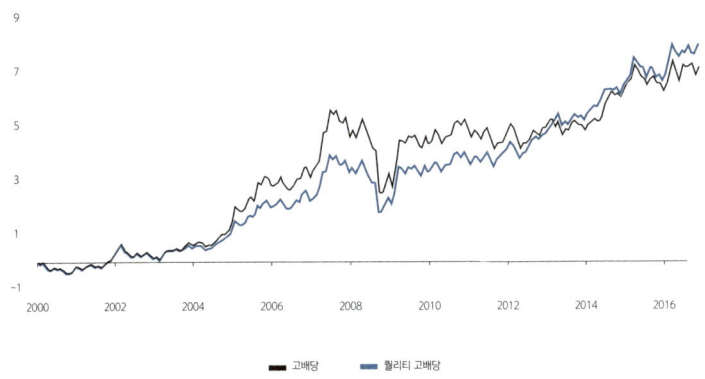

[표 9. 7] 고배당 및 퀄리티 고배당 포트폴리오 통계값

	연간 수익률 (산술)	연간 수익률 (기하)	연율화 변동성	샤프 지수	승률	최대 손실률
고배당	15.46%	13.08%	25.03%	0.5226	57.84%	46.27%
퀄리티 고배당	15.67%	13.77%	23.30%	0.5910	60.78%	44.19%

	월간 α	MKT	SMB	HML
고배당	0.29% (1.162)	1.0080 (27.025)	0.3384 (7.896)	0.4094 (7.293)
퀄리티 고배당	0.45% (1.862)	0.9316 (25.842)	0.3327 (8.032)	0.3325 (6.129)

[그림 9. 8]과 [표 9. 8]은 배당 팩터에서 언급했던 배당 성향까지 고려한 최종 포트폴리오와의 비교이다. 즉 퀄리티 기준 하위 30% 종목 제외, 배당 성향 기준 음수 및 상위 20% 종목을 제외한 유니버스 중, 배당 수익률 상위 50종목 포트폴리오이다. 배당주 수익률에 부정적인 영향을 미치는 저퀄리티 및 고배당 성향 팩터를 제거함으로써, 현격히 향상된 수익률을 보인다.

[그림 9. 8] 고배당, 퀄리티 고배당 및 최종 포트폴리오 누적 수익률(2000~2016)

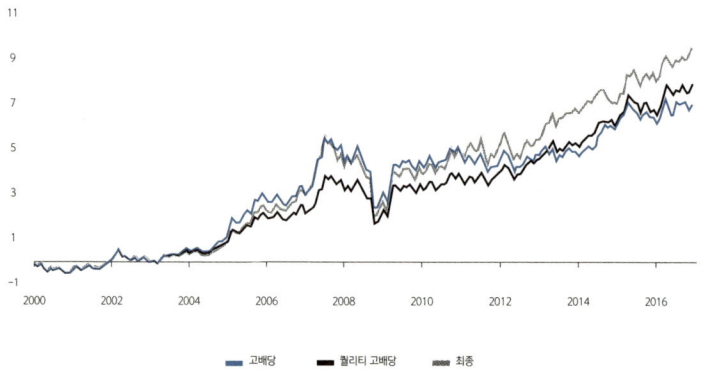

[표 9. 8] 고배당, 퀄리티 고배당 및 최종 포트폴리오 통계값

	연간 수익률 (산술)	연간 수익률 (기하)	연율화 변동성	샤프 지수	승률	최대 손실률
고배당	15.46%	13.08%	25.03%	0.5226	57.84%	46.27%
퀄리티 고배당	15.67%	13.77%	23.30%	0.5910	60.78%	44.19%
최종	17.41%	14.88%	26.37%	0.5641	58.82%	52.66%

	월간 α	MKT	SMB	HML
고배당	0.29% (1.162)	1.0080 (27.025)	0.3384 (7.896)	0.4094 (7.293)
퀄리티 고배당	0.45% (1.862)	0.9316 (25.842)	0.3327 (8.032)	0.3325 (6.129)
최종	0.60% (2.297)	1.0727 (27.648)	0.3957 (8.876)	0.2964 (5.077)

PART 03

배분 전략
(Allocation Strategy)

I think that the first thing is you should have a strategic asset allocation mix that assumes that you don't know what the future is going to hold.

– Ray Dalio(BridgeWater Associates)

10 | 동일비중 배분
(Equal Weight Allocation)

배분 전략이란?

종목선택 전략$^{Stock\ Selection\ Strategy}$에서 종목을 선택하는 방법에 대해 알아보았다면, 배분 전략$^{Allocation\ Strategy}$에서는 종목들에 대한 비중을 정하는 방법에 대해 논의하고자 한다.

선택 전략은 특정 전략의 기준에 따라 유니버스 내에서 투자할 종목들을 선택하는 역할을 할 뿐, 선택된 종목들의 비중을 결정해 주지는 않는다. 따라서 일반적으로 많이 사용되는 동일비중이나 시가총액비중과 같은 방법을 이용하여 비중을 결정한다. 반면, 배분 전략은 선택된 각 종목들에 대한 비중 혹은 유니버스 전체 종목에 대한 선택^{Selection}과 배분^{Allocation}을 동시에 하는 전략으로써, 최종적인 결과물로 종목들의 비중을 계산한다.

Simple But Strong, 동일비중 전략^{EW : Equal Weight}

동일비중 전략은 가장 간단한 전략이며, 영어 약자를 써서 EW$^{Equal\ Weight}$로 표시한다. 이 전략은 유니버스 내의 종목수를 n이라고 할 때, 각 종목들의 비중을 1/n로 정하는 방법이다. 이 방법은 가장 간단하면서도 여러 장점이 있으며, 장기적으로 시가총액가중방식지수 대비 뛰어난 성과를 보이는 것으로 알려져 있다.

동일비중 전략의 특징은 다음과 같다. 먼저 변동성 또는 상관관계에 대한 추정치를 전혀 필요로 하지 않으므로, 일반적인 배분 전략들이 기대 수익이나 위험에 대한 추정치를 사용함으로써 발생하는 추정 오차$^{Estimation\ Error}$가 전혀 없다. 달리 표현하면, 종목들의 기대 수익, 변동성, 종목 간의 상관관계를 전혀 고려하지 않으므로 이를 추정하기 위한 어려운 작업을 할 필요가 없다.

또한, 동일비중 전략은 개별 종목들의 시가총액에 상관없이 동일한 비중을 부여하므로, 시가총액가중방식지수와 비교할 때 시가총액이 작은 종목은 상대적으로 많은 비중을 투자하며^{Overweight}, 시가총액이 큰 종목은 상대적으로 작은 비중을 투자한다^{Underweight}. [그림 10. 1]은 2016년 말 기준 KOSPI 200 종목의 시가총액비중과 동일비중을 비교한 그래프이다. KOSPI 200 내 삼성전자의 시가총액비중은 약 25%인 반면, KOSPI 200에서 비중이 매우 작은 조광피혁의 경우, 시가총액비중이 약 1bps(0.01%)가량이다.

그러나 동일비중 전략에서는 모든 종목에 1/200 = 0.5%를 동일하게 투자한다. 따라서 삼성전자에는 시가총액 대비 2% 만을 투자하는 반면, 조광피혁은 시가총액 대비 50배가량을 투자하게 된다.

[그림 10. 1] KOSPI 200 종목의 시가총액비중과 동일비중의 비교

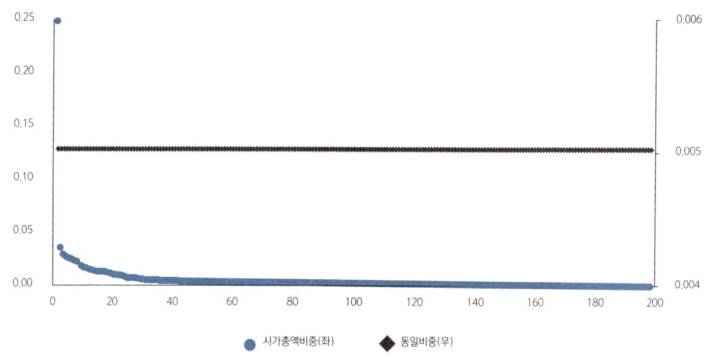

※ 출처 : Bloomberg

만일 개별 종목들의 기대 수익과 변동성이 동일하고 종목 간 상관관계가 모두 같다면, 동일비중은 평균-분산 최적화 모형$^{MVO :}$ $^{Mean\ Variance\ Optimization}$의 최적해$^{Optimal\ Solution}$가 된다.

동일비중의 가장 큰 장점은 특정 종목에 쏠림이 없이 분산이 잘 이루어진 포트폴리오를 구성할 수 있다는 점이다. 집중도를 나타내는 허핀달지수$^{Herfindahl\ Index}$를[67] 계산하면 동일비중으로 구성된 포트폴리오가 1/n로 가장 작은 값, 즉 분산이 가장 잘 이루어진 포트폴리오가 된다. KOSPI 200의 경우 시가총액비중방식과 동일비중방식의 허핀달지수는 각각 7.21%, 0.50%가 계산되어, 동일비중방식이 시가총액비중방식 대비 훨씬 분산이 잘 이루어졌음이 확인된다.

또한 동일비중방식에서는 소형주에 상대적으로 많은 비중이

---

[67] 허핀달 지수는 경제학에서 독과점 기업들로 인한 산업의 집중도를 나타내기 위해 사용이 되었지만, 포트폴리오의 집중도를 나타내는 좋은 지표로 정의되며, 가장 분산이 잘된 경우 1/n, 가장 독점적인 경우 1의 값을 가진다.

투자된다. 따라서 이미 살펴본 파마-프렌치의 소형주 효과로 인해, 동일비중 포트폴리오가 시가총액비중 포트폴리오 대비 장기적으로 높은 수익을 거둘 수 있다.

반면, 동일비중방식의 단점은 다음과 같다. 시가총액방식의 인덱스를 추종하는 펀드의 경우, 시가총액이 큰 종목들의 비중이 많으므로 펀드의 규모가 커져도 포트폴리오를 구성하는 데 별다른 어려움이 없다. 반면 동일비중의 경우 상대적으로 시가총액이 작은 종목들의 비중이 많아 펀드의 규모를 크게 확대하는 데 어려움이 있다. 예를 들어, KOSPI 200 종목을 유니버스로 동일비중 전략을 사용하는 펀드를 생각해보자. 펀드의 규모를 5조라 가정하면, 모든 종목을 0.5%인 250억씩 매수해야 한다. 대형주의 경우 매수금액으로 인한 충격이 작지만, 시가총액이 2,000억 정도인 소형주의 경우 전체 시가총액의 12.5%를 매수해야 하며, 이는 큰 시장 충격을 야기한다. 소형주는 대형주에 비해 유동성이 풍부하지 않아 짧은 기간 내 큰 금액을 사거나 팔 경우 급격한 가격 변동을 야기할 뿐만 아니라, 5% 이상의 주식을 보유할 경우 주요 주주에 해당되어 공시 등의 의무가 생기기도 한다.

또한 동일비중의 성과는 유니버스에 따라 매우 큰 편차를 보인다. 동일비중은 유니버스 내의 모든 종목들을 고르게 매수하므로 좋은 종목들로 유니버스를 구성할 경우 포트폴리오의 성과가 상당히 좋아지지만, 그렇지 못할 경우 저조한 성과를 보일 수 있다. 모든 전략이 유니버스에 대한 의존도가 어느 정도 있기 마련이지만, 동일비중은 이러한 의존도가 다른 전략들에 비해 상대적으로 크다.

마지막으로 앞에서 언급한 것처럼 대형주에는 상대적으로 작은 비중, 소형주에는 상대적으로 많은 비중을 부여함으로 인해 인덱스와의 괴리가 심하고, KOSPI 200과 같이 대형주로의 쏠림(특히 특정 종목에 대한 쏠림)이 심한 지수와의 괴리가 극심하다. 따라서 동일비중 전략의 벤치마크를 시가총액가중방식지수로 정해야 하는 상황이라면, 추적 오차$^{Tracking\ Error}$를 설정할 때 유의해야 한다.

동일비중 전략의 리밸런싱

어떤 배분 전략이든 특정 주기(월, 분기, 반기, 년 등) 혹은 변화폭에 맞춰 포트폴리오를 리밸런싱하며, 어떠한 방식으로 리밸런싱을 하느냐는 포트폴리오의 장기 성과를 좌우하는 중요하다. 동일비중 전략은 주식 가격의 움직임으로 인해 각 종목들이 동일비중에서 벗어나게 되면, 리밸런싱 시점에 다시 동일한 비중으로 만들어 준다.

동일비중 전략의 핵심 원리는 평균회귀$^{Mean\ Reversion}$와 저가매수, 고가매도$^{BLASH\ :\ Buy\ Low\ and\ Sell\ High}$이다. 평균회귀의 관점에서 언더퍼폼^{Underperform}한 종목은 다시 상승할 것이, 아웃퍼폼^{Outperform}한 종목은 하락할 것이 기대된다. 따라서 특정 종목이 포트폴리오 평균보다 언더퍼폼했을 시 비중을 확대$^{Buy\ Low}$하고, 아웃퍼폼했을 시 비중을 줄이는$^{Sell\ High}$ 방법을 통해 장기적으로 우수한 성과를 거둘 수 있다.

그러나 언더퍼폼했던 종목이 계속해서 언더퍼폼할 경우 해당 전략은 제대로 작동할 수 없다. 따라서 동일비중 전략에서는 유니버스의 중요성이 부각된다. 유니버스 내의 종목들이 펀더멘털에 문제가 없을 경우, 일시적인 조정에서 더욱 자신감을 갖고 추가 매수를 할 수 있으며, 과도한 상승이 있을 때 일부를 매도하는 합리적인 매매 방법을 구사할 수 있기 때문이다.

[표 10. 1]은 3개 종목으로 이루어진 유니버스 내 동일비중 전략의 리밸런싱 예제이다. 시장의 평균 수익률은 8.3%이며 이보다 높은 수익률을 보인 A 종목과 B 종목은 일부 매도를 한다. 반면 시장 평균보다 낮은 수익률을 보인 C 종목은 추가 매수를 하게 되며, 매수 금액의 합과 매도 금액의 합은 같다.

[표 10.1] 동일비중 전략의 리밸런싱 예제

종목	T_0 시점 시가총액	수익률	T_1 시점 시가총액(비중) 리밸런싱 이전	T_1 시점 시가총액(비중) 리밸런싱 이후	매수/매도 금액
A	33.3	12%	37.33(34.46%)	36.11(33.3%)	-1.22
B	33.3	9%	36.33(33.54%)	36.11(33.3%)	-0.22
C	33.3	4%	34.67(32.00%)	36.11(33.3%)	1.44
합계	100	8.3%	108.33(100%)	108.33(100%)	0.00

KOSPI 200지수와 KOSPI 200 동일가중지수의 비교

한국을 대표하는 지수인 KOSPI 200지수를 대상으로, 편입 종목들에 동일비중 전략을 택한 KOSPI 200 동일가중지수가 제공되고 있으며, 이를 추종하는 ETF 또한 상장되어 있다. 동일비중 전략의 유효성을 알아보기 위해 두 지수를 비교해 보도록 한다.

[그림 10. 2]와 [표 10. 2]는 KOSPI 200과 KOSPI 200 동일가중지수의 비교로써, 동일가중지수가 시가총액지수 대비 다소 뛰어난 성과를 보인다. 두 지수의 가장 큰 차이점은 3팩터 회귀분석

의 SMB 팩터에서 나타난다. KOSPI 200지수는 대형주에 많은 비중이 분포되어 SMB 값이 음수, 즉 대형주 효과가 강하게 나타나는 반면, 동일가중지수는 소형주에 상대적으로 많은 비중이 분포되어 SMB 값이 양수, 즉 소형주 효과가 강하게 나타난다. 동일가중지수는 KOSPI 200지수 대비 연환산 기준으로 9%가량의 추적 오차를 보인다.

[그림 10. 2] KOSPI 200과 KOSPI 200 동일가중지수 비교(2009~2016)

※ 출처 : 한국거래소

[표 10. 2] KOSPI 200과 KOSPI 200 동일가중지수 통계값

	연간 수익률 (산술)	연간 수익률 (기하)	연율화 변동성	샤프 지수	승률	최대 손실률
KOSPI 200	8.00%	7.02%	15.68%	0.4474	57.29%	20.65%
KOSPI 200 동일가중	9.91%	8.74%	17.68%	0.4941	53.12%	23.13%

	월간 α	MKT	SMB	HML
KOSPI 200	0.19% (2.583)	1.0183 (65.649)	-0.0955 (-5.277)	0.0374 (1.367)
KOSPI 200 동일가중	0.03% (0.131)	1.1255 (26.435)	0.2930 (5.897)	-0.0379 (-0.505)

자본 시장뿐만 아니라 매매가 이루어지는 어떤 시장에서도 수익을 내기 위해서는 싸게 사서 비싸게 파는 것이 당연하다. 동일비중 전략이 매우 단순하지만 장기적인 성과가 좋은 이유는 '저가매수, 고가매도'를 체계적으로 반복하기 때문이다. 투자는 장기간에 걸쳐 하는 것이므로, 같은 종목도 리밸런싱을 어떻게 하느냐에 따라 장기 성과를 좌우하는 중요한 요인이 된다. 그런 면에서 동일비중 전략은 매우 효율적인 리밸런싱 메커니즘을 가지고 있다고 할 수 있다.

11 | 위험기반 배분
(Risk-Based Allocation)

위험기반의 배분은 전통적 자산배분 방법론에서 중요한 추정치인 기대 수익률에 대한 정보를 사용하지 않으며, 위험의 관점에서만 자산을 배분하는 전략들이다. 기본적으로 미래 특정 기간의 기대 수익률을 정확하게 추정하는 것이 거의 불가능하며, 추정 오차가 과도하여 최적화의 결과를 신뢰할 수 없기 때문이다. 또한 뛰어난 장기 성과를 내기 위해서는 큰 손실을 피하는 것이 관건이라는 철학이 녹아 있다.

본 장과 다음 장에서는 전통적 자산배분의 간단한 소개 및 이에 대한 문제점, 그로 인해 탄생한 위험기반 자산배분인 위험 균형[RP : Risk Parity], 변동성 균형[VP : Volatility Parity], 최소 변동성[MV : Minimum Volatility], 최대 분산 포트폴리오[MDP : Most Diversified Portfolio]에 대해 살펴보도록 한다.

효율적 투자기회선^{Efficient Frontier}

2개 이상의 자산이 존재할 때, 자산 간의 비중 조절을 통해 각기 다른 수익과 위험[68]을 가진 포트폴리오를 생성할 수 있다. 이 중 평균-분산 최적화 모형^{Mean-Variance Optimization}을 통해 다른 포트폴리오를 지배[69]하는 효율적 포트폴리오가 구해지며, 이를 잇는 곡선을 효율적 투자기회선이라 한다.

즉 효율적 투자기회선상의 모든 점들은 다른 포트폴리오에 의해 지배되지 않는 효율적 포트폴리오이다. 이에 대한 구체적인 내용은 참고문헌[70]을 참조하기 바란다.

[그림 11. 1]은 아래의 수익, 위험, 상관관계의 예제를 통해 구해진 효율적 투자기회선이다. 먼저 검은 점으로 표시된 포트폴리오는 가장 위험이 낮은 최소분산 포트폴리오^{MVP: Minimum Variance Portfolio}이며, MVP의 우측에 있는 포트폴리오들을 이은 곡선을 효율적 투자기회선이라 한다.

$$r = \begin{bmatrix} 10.7\% \\ 8.2\% \\ 12.8\% \end{bmatrix}, \sigma = \begin{bmatrix} 18.5\% \\ 12.1\% \\ 23.7\% \end{bmatrix}, \rho = \begin{bmatrix} 1 & -0.26 & 0.64 \\ -0.26 & 1 & -0.18 \\ 0.64 & -0.18 & 1 \end{bmatrix}$$

---

68 포트폴리오의 수익은 각 자산 수익의 선형결합으로 구해지며, 포트폴리오의 위험은 각 자산의 위험과 상관계수들의 함수로 구해진다.
69 평균과 분산만으로 위험자산을 선택하는 경우, 동일한 수준의 위험을 갖는 투자안 중에서는 가장 큰 기대 수익률을 갖는 투자안이 다른 투자안을 지배하고, 동일한 기대 수익률을 갖는 투자안 중에서는 가장 작은 위험을 갖는 투자안이 다른 투자안을 지배한다는 것이 지배원리이다.
70 David Luenberger, "Investment Science". Oxford Press. Chapter 6.

[그림 11. 1] 효율적 투자선

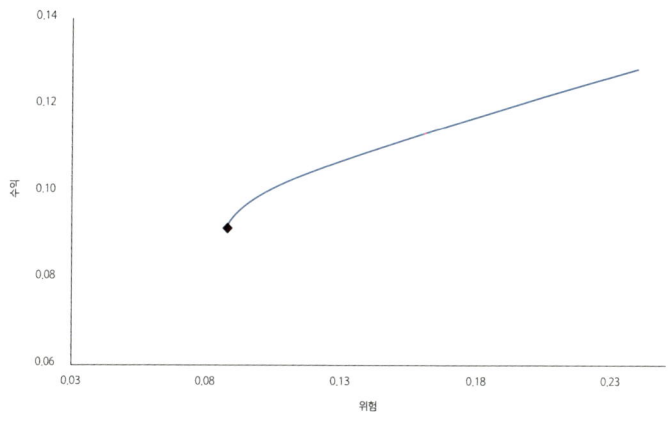

전통적 자산배분

자산배분이란 목표 수익 및 인내 가능한 위험을 고려할 때, 현재 가지고 있는 투자자금을 어떤 종목 혹은 자산군에 어떤 비중으로 투자하는 것이 가장 바람직한지 결정하는 것이다. 평균-분산 최적화 모형$^{MVO : Mean-Variance\ Optimization}$하에서 최적의 투자 비중은, 1) 투자자 개인별 효용곡선$^{Utility\ Curve}$이 존재할 경우 효용곡선과 효율적 투자 기회선의 접점에 투자를 하며, 2) 개인별 효용곡선이 존재하지 않을 경우 샤프 비율이 최대가 되는 점에 투자를 하게 되며, 복수펀드이론$^{Two\ Fund\ Theorem}$ [71]에 의해 무위험 자산에 일부 투자하거나 차입이 가능할 경우 일정 정도 레버리지투자를 한다.

---

71 투자자에게 무위험 자산과 효율적인 시장 포트폴리오가 주어져 있을 경우, 투자자의 위험 성향에 따라 투자 자금을 무위험 자산과 시장 포트폴리오에 배분하게 된다.

[그림 11. 2]의 A와 B는 1)번과 2)번 각각에 대한 최적의 투자 지점이다. 먼저 A는 개인의 효용곡선이 존재하는 경우로써, 각각의 효용곡선과 효율적 투자기회선이 만나는 접점의 포트폴리오에 투자한다. 반면 B는 효용곡선이 존재하지 않는 경우로써, Y축의 무위험 수익률과 효율적 투자기회선을 이은 자본할당선 Capital Allocation Line 의 접점이 샤프지수가 최대가 되는 최적의 포트폴리오이다.

[그림 11. 2] 효용곡선 유무에 따른 최적 투자 포트폴리오

A. 개별 효용곡선이 존재하는 경우

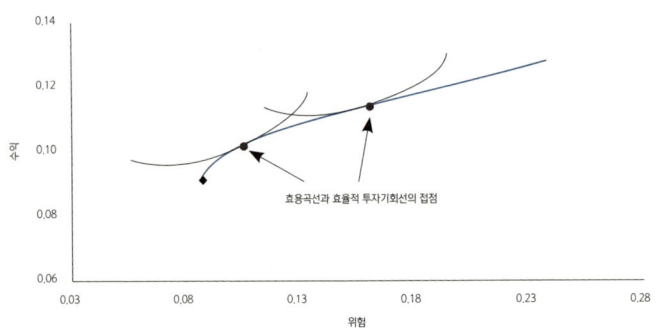

B. 개별 효용곡선이 존재하지 않는 경우

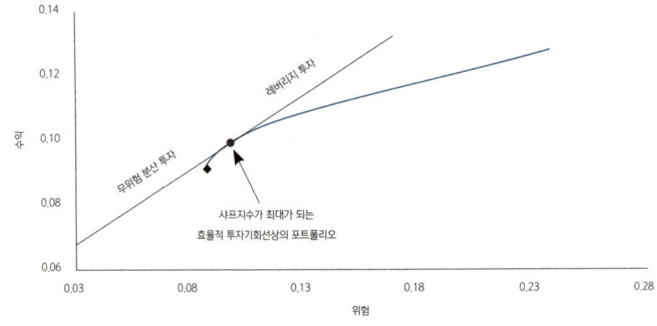

해당 점을 기준으로 왼쪽 부분은 무위험 자산에 일정 비율을 분산 투자하는 포트폴리오, 오른쪽 부분은 차입을 통한 레버리지 투자를 하는 포트폴리오이다.

최적화 문제와 자산배분 패러다임의 변화

MVO에 의해 결정된 최적 포트폴리오는 이론적으로는 뛰어나지만, 실무적으로 사용하기에는 여러 문제점들이 있다. 최적의 포트폴리오로 구해진 값들이 위험의 관점$^{Risk\ Perspective}$에서는 특정 종목(자산군)에 지나치게 위험이 편중되어 있고, 그 결과 포트폴리오 전체의 위험(변동성) 혹은 성과가 해당 종목(자산군)에 크게 의존하게 된다. 대체로 주식의 위험 기여도$^{RC\ :\ Risk\ Contribution}$가 타 자산군에 비해 큰 것을 고려할 때, 위험의 측면에서는 주식 비중의 작은 변화가 전체 포트폴리오 위험의 크기를 좌우하게 되는 것이다.

[표 11. 1]은 주식과 채권의 기대 수익률과 변동성, 상관관계, 무위험 수익률을 가정한 예제이다. 전통적 자산배분인 주식 60%, 채권 40% 투자의 경우 자금배분$^{Capital\ Allocation}$ 측면에서는 분산이 잘 이루어진 듯이 보이지만, 위험기여도[72]는 각각 92%, 8%로써 위험배분$^{Risk\ Allocation}$ 측면에서는 주식에 위험이 지나치게 편중된 비효율적인 포트폴리오이다.

---

72 위험기여도 계산 방법은 다음 장에서 다루기로 한다.

[표 11. 1] 위험기여도 예제

	주식	채권
기대 수익률	6.25%	2.75%
변동성	15.00%	5.00%
상관관계	0.2	
무위험 수익률	1%	
비중	60%	40%
위험기여도	92%	8%

또한, MVO의 입력값인 기대 수익률과 공분산행렬(표준편차와 상관관계)을 추정하는 자연스러운 방법은 과거 자료로부터 구하는 것이다. 이 중, 공분산행렬은 중장기적 관점에서 상당한 신뢰를 가지고 추정할 수 있는 반면, 기대 수익률은 신뢰도가 많이 떨어진다. 이러한 현상은 과거 자료의 값이 잘못되었거나 계산이 힘들어서가 아닌, 기대 수익률이 가지고 있는 근본적인 한계 때문이다.

기대 수익률은 미래 특정 기간의 예상 수익률이며, 미래의 관점에서는 과거 값을 벗어날 가능성이 매우 클 뿐만 아니라 심지어는 부호마저 달라질 가능성이 있다. 반면 변동성은 과거의 자료에서 크게 벗어나지 않으며, 기간이 길어지면 변동성의 범위가 줄어드는 현상인 변동성 콘 Volatility Cone 으로 인해 과거 자료로부터 추정치를 구해도 좁은 신뢰구간 내에 위치하게 된다. 또한, 종목 혹은 자산 간의 상관관계도 단기적으로는 특수한 경제 상황에 따라 크게 변할 수 있지만, 장기적으로는 일정한 수준으로 회귀하는 성질이 있어, 과거 자료로부터 신뢰할 만한 추정치를 구할 수 있다.

위에서 살펴본 MVO의 단점으로 인해, 기대 수익률을 고려하지 않고 위험의 관점에서 자산배분을 하는 RP(동일 위험 기여[ERC]

Equal Risk Contribution)와 같은 전략이 등장했다.

또한, 저위험 팩터$^{\text{Low Risk Factor}}$에서 위험이 낮은 주식이 위험이 높은 주식 대비 높은 수익률을 기록하는 것처럼, 위험이 낮은 포트폴리오가 위험이 높은 포트폴리오 대비 높은 수익률을 기록하는 현상도 나타나고 있다. 이를 이용하여 포트폴리오의 위험을 낮게 구성하는 MV, MDP와 같은 전략도 널리 쓰이고 있다.

부록

평균-분산 최적화 모형 MVO : Mean Variance Optimization

최적화^{Optimization} 작업은 자산배분의 핵심이다. 최적화에 대한 이해는 금융 분야, 특히 자산배분의 영역에서는 반드시 필요한 분야이지만, 모든 사람들이 최적화 전문가가 될 필요는 없다. 본 책에서는 스마트베타 전략 및 자산배분의 이해를 위해, 최적화의 기본적인 개념에 대해 간단히 설명하고자 한다.

MVO 모형은 해리 마코위츠가 1952년에 제안한 것[73]으로 현대 포트폴리오 이론 $^{MPT\ :\ Modern\ Portfolio\ Theory}$의 새 장을 열었다. 마코위츠는 이 업적을 인정받아 1989년에는 폰노이만 상$^{John\ Von\ Neumann\ Theory\ Prize}$을[74], 이듬해인 1990년에는 노벨 경제학상을 수상했다. 이 모형의 기본적인 개념은 주어진 위험(표준편차로 측정되는 위험) 조건하에서 기대 수익률을 최대화하거나 주어진 기대 수익률 조건하에서 위험을 최소화하는 것이다. 위험에 대한 제약조건하에서 수익을 최대화하는 문제를 수식으로 표현하면 아래의 최적화 문제가 된다.

$$\max \sum_{i=1}^{n} r_i w_i$$
$$s.t. \sum_{i=1}^{n}\sum_{j=1}^{n} w_i w_j \sigma_{i,j} = \overline{\sigma}$$
$$\sum_{i=1}^{n} w_i = 1$$
$$w_i \geq 0 \ (i = 1, 2, \cdots, n)$$

여기서 $\overline{\sigma}$는 허용 가능한 최대변동성이다. 위의 문제는 수학적으로는 아래의 문제와 동일한

---

[73] Markowitz, H.M. (1952). "Portfolio Selection". The Journal of Finance. 7 (1): 77-91
[74] OR(Operations Research) 과 MS(Management Science)분야에 기여가 큰 개인에게 INFORMS(Institute of Operations Research and the Management Science)가 매년 수여하는 상으로, 게임이론의 창시자인 폰노이만을 기리기 위한 상이다.

문제가 된다. 이를 쌍대문제^{Duality}라고 한다.

$$\min \frac{1}{2}\sum_{i=1}^{n}\sum_{j=1}^{n} w_i w_j \sigma_{i,j}$$
$$s.t. \sum_{i=1}^{n} r_i w_i = \bar{r}$$
$$\sum_{i=1}^{n} w_i = 1$$
$$w_i \geq 0 \, (i=1,2,\cdots,n)$$

$\bar{r}$는 투자자가 원하는 최소 수익률 또는 요구 수익률이다. 이러한 문제는 자산군의 수가 적은 경우 엑셀의 해찾기^{Solver}를 이용하여 쉽게 풀 수 있지만, 자산군의 수가 많아지면 보다 안정성이 뛰어난 Matlab, LINDO, GAMS와 같은 최적화 소프트웨어$^{Numerical\ Optimization\ Software}$를 사용하여 풀어야 한다.

여기서 최적해를 변동성(X축)과 기대 수익률(Y축)으로 한 도형에 표시한 것이 효율적 투자선이다. 단일 투자이론$^{One\ Fund\ Theorem}$에 의하면 모든 투자자들이 평균-분산을 최적화하는 경우, 모든 투자자는 무위험자산$^{Risk-free\ Asset}$과 시장 포트폴리오의 조합으로만 포트폴리오를 구성하는 것이 바람직하다.

위에 표시한 수식들은 행렬을 이용하면 보다 간단하고 편리하게 표현을 할 수 있다. 먼저 다음과 같이 표기법을 정의한다.

$$\sigma = [\sigma_1\ \sigma_2 \cdots \sigma_n]^T$$
$$\Omega = [\sigma_{ij}], \rho_{i,j} = \frac{\sigma_{ij}}{\sigma_i \sigma_j}$$

$$w = [w_1\, w_2 \cdots w_n]^T$$
$$e = [1\, 1 \cdots 1]^T$$
$$\sigma_P = \sqrt{w^T \Omega w} = \sqrt{\sum_{i,j} w_i w_j \sigma_{ij}}$$
$$r_p = \sum_i r_i w_i$$
$$e^T w = \sum_i w_i$$

기대 수익률을 최대화하는 문제는 다음과 같이 표현할 수 있다.

$$\max r^T w$$
$$s.t.\, \sigma_p = \overline{\sigma}$$
$$e^T w = 1$$
$$w_i \geq 0$$

여기서 $\sigma_p = \sqrt{w^T \Omega w}$ 는 포트폴리오의 변동성이다. 변동성 최소화 문제는 다음과 같이 표현된다.

$$\min \frac{1}{2} w^T \Omega w$$
$$s.t.\, e^T w = 1$$
$$r^T w = \overline{r}$$
$$w_i \geq 0$$

변동성을 최소화하는 것은 분산을 최소화하는 것과 동일한 결과를 가져오며, 목적함수에 있는 상수 1/2은 단지 미분했을 때 계산을 용이하게 하기 위한 장치일 뿐 결과는 동일하다.

부록

공분산행렬의 역행렬

MVO의 해는 $w^* \propto \Omega^{-1} r$ 라는 성질이 있다. 먼저, 일반적인 제약 조건(비중의 합이 1이고, 공매도$^{Short\ Selling}$를 허용하지 않는 조건)이 없는 최적화 문제를 고려해보도록 한다.

$$\min \frac{1}{2} w^T \Omega w$$
$$s.t.\ r^T w = \bar{r}$$

비중의 합이 1이 되어야 한다는 제약 조건이 없으므로 일차적인 해를 구한 후에 비중의 합이 1이 되도록 리스케일링^{Rescaling}을 통해 최적해를 구한다. 최적화 문제를 풀기 위해, 다음과 같이 라그랑지안^{Lagrangian} 함수를 구한다. 라그랑지안 함수는 제약 조건들이 있는 복잡한 최적화 문제를 제약 조건이 없는^{Unconstrained} 함수로 표현한 것이다.

$$\mathcal{L}(w, \lambda) = \frac{1}{2} w^T \Omega w - \lambda(r^T w - \bar{r})$$
$$\frac{\partial \mathcal{L}(w, \lambda)}{\partial w} = \Omega w - \lambda r = 0$$
$$\Omega w = \lambda r$$
$$w^* = \lambda \Omega^{-1} r$$

여기서 Ω^{-1}는 정보행렬$^{Information\ Matrix}$이라 불린다. MVO 문제의 최종해는 추가적인 제약 조건에 따라 달라지겠지만, 기본적으로 Ω^{-1}에 의존한다. 실제 수천 개에 달하는 주식 포트폴리오를 운용하는 경우, Optimal solution의 정확도는 Ω^{-1}를 얼마나 정교하게 계산을 했느냐에 달려있고, 정교하고 효율적인 계산을 위한 수치해석적 방법론들이 존재한다.

부록

제약 조건들 Constraints

최적화 문제의 목적함수를 살펴보면 최대화의 경우 기대 수익률의 최대화, 최소화의 경우 포트폴리오 변동성의 최소화이다. 이 중 최소화 문제(목적함수는 이차함수, 제약식은 선형함수)가 수학적으로 풀기 쉬우므로, 주로 최소화 문제를 다룬다. 여기서는 다양한 현실적인 제약 조건을 선형함수의 형태로 표현하는 방법을 살펴보도록 한다.

공매도 제한 Long Only : $w_i \geq 0$, 일반적으로 공매도가 허용되지 않는다면, 개별 종목(자산군)들의 비중이 비음(0 혹은 양수)이어야 함.

비중 제한 Position Limits : $l_i \leq w_i \leq u_i$, 각 종목(자산군)별로 하한Lower Bound와 상한Upper Bound이 있는 경우, 각 투자자의 특수한 사정에 의해 특정 종목(자산군)의 비중에 대한 제한이 있을 수 있음.

자산군 제한 Group Limits : $s_i \leq \sum_{i \in I} w_i \leq t_i$, 특정 지수 집합Index Set I에 속하는 종목(자산군)들의 비중의 합에 대한 제약 조건(예를 들어, 특정 섹터의 비중이 20% 이하 등)

비중의 합 제한 Sum of Weight : $\sum_k w_k = 1$, 비중의 합이 1.

레버리지 제한 Capped Leverage : $\sum_k |w_k| \leq L$, 공매도를 사용하는 경우 $\sum_k |w_k| > 1$이지만, 공매도에 의한 전체 레버리지를 $L(L > 1)$로 제한함.

베타의 제한 Beta : $\beta_L \leq \beta_P = \sum_k w_k \beta_k \leq \beta_U$, 베타에 대한 상·하한의 제약이 있는 경우.

시장중립적 베타 제한 Portfolio Beta : $\beta_P = \sum_k w_k \beta_k = 1$, 포트폴리오의 베타가 시장의 베타인 1을 유지하기를 원하는 경우.

순노출 제한 Dollar Neutral : $\sum_k w_k = \sum_k w_k^L + \sum_k w_k^S = 0$, 롱 포트폴리오의 비중의 합과 숏 포트폴리오의 비중의 합이 같아야 한다는 제약.

베타중립성 제한 Beta Neutral : $\sum_k w_k \beta_k = 0$, Ex-ante 기준 포트폴리오의 베타가 0이 되도록 비중을 결정하는 방법으로써 소위 베타 중립적인 포트폴리오가 됨.

부록

샤프지수가 최대가 되는 최적 투자 비중

투자자는 수익을 최대로 하면서 위험은 낮추는 포트폴리오에 투자하기를 원하며, 이를 수식으로 표현하면 다음과 같다.

$$\max_w w^T(r - r_f e) + r_f$$
$$s.t.\ w^T \Omega w \leq \sigma^2$$

제약식을 풀기 위해 라그랑지안 함수로 표현한다.

$$\mathcal{L} = w^T(r - r_f e) + r_f + \lambda(\sigma^2 - w^T \Omega w)$$

위의 식의 1계도 조건 First Order Condition 을 구하면 w 가 다음과 같이 계산된다.

$$\frac{\partial \mathcal{L}}{\partial w} = (r - r_f e) - 2\lambda \Omega w = 0$$
$$w = \frac{1}{2\lambda} \Omega^{-1}(r - r_f e)$$

자본제약선상에서 접점 포트폴리오 Tangent portfolio 는 위험 자산으로만 구성되어 있으므로, 비중의 합 $e^T w$ 은 1을 만족한다.

$$1 = e^T w = e^T \frac{1}{2\lambda} \Omega^{-1}(r - r_f e)$$
$$2\lambda = e^T \Omega^{-1}(r - r_f e)$$

따라서, 접점 포트폴리오의 각 자산별 최적 투자 비중은 다음과 같이 구할 수 있다.

$$w_T = \frac{\Omega^{-1}(r - r_f e)}{e^T \Omega^{-1}(r - r_f e)}$$

12 | 위험기반 배분의 예

한계위험 기여도$^{MRC : Marginal Risk Contribution}$와 위험기여도$^{RC : Risk Contribution}$

위험기반 자산배분을 이해하기 위해서는 MRC와 RC에 대한 이해가 필요하다. 먼저 MRC는 다른 조건들이 동일할 때, 특정 종목의 비중을 한 단위 늘렸을 경우에 증가하는 포트폴리오의 위험(변동성)을 의미한다. 수학적으로는 편미분과 같은 의미이며, 이를 수식으로 표현하면 다음과 같다. σ_P 또는 $\sigma(w)$는 포트폴리오의 변동성을 의미하며, w_i는 i번째 종목의 비중을 의미한다.

$$MRC_i = \frac{\partial \sigma_P}{\partial w_i} \; or \; \frac{\partial \sigma(w)}{\partial w_i}$$

한편, 개별 종목이 전체 포트폴리오의 위험에 기여하는 정도를 RC라 하며, MRC와 개별 종목 비중의 곱으로 정의된다.

$$i\text{번째 종목의 Risk Contribution} = w_i \times \frac{\partial \sigma_p}{\partial w_i}$$

MRC가 작더라도 전체 포트폴리오에서 차지하는 비중 w_i의 값이 크면, 해당 종목으로 인해 RC가 커질 수 있다.

위험균형 [RP : Risk Parity]

RP는 개별 종목이 전체 위험(변동성)에 기여하는 정도[Risk Contribution]를 같게 해주는 배분 전략이며, 그런 의미에서 ERC[Equal Risk Contribution]라고도 한다. EW가 투자 자본을 동일한 비중으로 나눈다면[Capital Allocation] RP는 RC가 동일하게 되도록 위험을 배분[Risk Allocation]하는 전략으로써, 자본이 아닌 위험 관점에서의 동일비중이라 할 수 있다.

우리가 주로 사용하는 위험의 지표[Risk Measure]는 수익률의 표준편차인 변동성이며, RP 전략은 변동성이 아래와 같이 분해가 되는 성질에 기반한다.[75]

$$\sigma(w) = w_1 \times \frac{\partial \sigma(w)}{w_1} + w_2 \times \frac{\partial \sigma(w)}{w_2} + \cdots + w_n \times \frac{\partial \sigma(w)}{w_n}$$
$$= \sum_{i=1}^{n}\left[w_i \times \frac{\partial \sigma(w)}{\partial w_i}\right] = \sum_{i=1}^{n} RC_i$$

산식을 보면 포트폴리오의 변동성은 개별 종목들의 위험 기

---

[75] 모든 함수가 이러한 성질을 가지는 것은 아니며, 표준편차가 Homogenous 함수(Degree of 1)이기 때문이다.

여도의 합이 된다. 현실적으로 어느 종목(자산배분의 경우에는 특정 자산군)이 큰 위험을 초래할지에 대해 사전적으로 아는 것이 불가능하므로, RP 전략에서는 모든 종목의 위험기여도를 $\frac{\sigma(w)}{n}$로 동일하게 만든다.

간단히 정리를 하면 RP 전략은 모든 종목들의 위험기여도를 같게 하는 전략이며, 수식으로 표현하면 아래와 같다.

$$w_i \times \frac{\partial \sigma_P}{\partial w_i} = w_j \times \frac{\partial \sigma_P}{\partial w_j} = \frac{\sigma(w)}{n}, \forall i, j$$

만일 특정 종목의 위험기여도를 좀 더 크거나 작게 하고 싶을 경우, RP를 좀 더 일반화하여 각 종목들의 위험기여도를 특정값으로 할당할 수 있다. 이를 위험 예산$^{Risk\ Budgeting}$이라 하며, 수식으로 표현하면 아래와 같다. RP는 $b_i = \frac{1}{n}, \forall i, \cdots, n$인 Risk Budgeting의 특수한 경우라 할 수 있다.

$$w_i \times \frac{\partial \sigma_P}{\partial w_i} = b_i \times \sigma(w)$$
$$\sum_i^n w_i = 1, \sum_i^n b_i = 1$$

실제 RP를 구현하기 위해서는 컴퓨터의 도움이 필요하다. 그러나 해의 특성을 보기 위해, 자산이 2개인 간단한 예제부터 살펴보도록 하겠다. 표준편차와 위험기여도, MRC를 나타내면 다음과 같다.

$$\sigma_p = \sqrt{w_1^2\sigma_1^2 + w_2^2\sigma_2^2 + 2w_1w_2\sigma_{12}}$$

$$MRC_1 = \frac{\partial \sigma_p}{\partial w_1} = \frac{2w_1\sigma_1^2 + 2w_2\sigma_{12}}{2\sigma_p} = \frac{w_1\sigma_1^2 + w_2\sigma_{12}}{\sigma_p}$$

$$RC_1 = \frac{\partial \sigma_p}{\partial w_1} \times w_1 = \frac{w_1^2\sigma_1^2 + w_1w_2\sigma_{12}}{\sigma_p} = \frac{\sigma_p}{2}$$

$$2w_1^2\sigma_1^2 + 2w_1w_2\sigma_{12} = \sigma_p^2$$

위의 조건과 비중의 합이 1이 된다는 조건 $(w_1 + w_2 = 1)$을 정리한 후, 최적해를 구하면 아래와 같다.

$$\begin{bmatrix} w_1^2\sigma_1^2 - w_2^2\sigma_2^2 \\ w_1 + w_2 \end{bmatrix} = \begin{bmatrix} 0 \\ 1 \end{bmatrix}$$

$$w_1 = \frac{\sigma_2}{\sigma_1 + \sigma_2}$$

$$w_2 = \frac{\sigma_1}{\sigma_1 + \sigma_2}$$

종목이 2개인 경우는 정확한 해$^{\text{Analytic Solution}}$가 존재하며, 이는 표준편차의 상대 비율이다. 즉 두 종목 간 RP는 타 종목의 표준편차에 비례하게 된다. 그러나 종목이 많아질 경우의 대형문제는 비선형 방정식$^{\text{Set of Nonlinear Equations}}$을 이용하여 푼다.

$$w_i \times \frac{\partial \sigma(w)}{\partial w_i} = \frac{\sigma(w)}{n}, i = 1, 2, \cdots, n$$

$$\sum_{i}^{n} w_i = 1$$

RP를 만족하는 해를 찾기 위해서는 변수가 n, 방정식의 수가 n+1인 비선형 연립방정식의 근을 구하면 되며, 이를 푸는 방법으로 뉴튼 방법$^{\text{Newton's Method}}$이 가장 널리 쓰이고 있다. 뉴튼 방법은 옵션의 내재변동성$^{\text{Implied Volatility}}$을 구하는 것처럼 금융 분야에서도 많이 활용되는 방법이다. 이 방법은 속성상 반복적^{Iterative}으로 해를 찾아가며, 현재의 해가 최종해에 충분히 가깝다고 판단하면 종료한다. 요구되는 해의 정확도에 따라 허용 오차$^{\text{Tolerance(Termination Condition)}}$를 설정하면 된다.

변동성 균형$^{\text{VP : Volatility Parity}}$

VP는 RP의 특수한 경우로 모든 상관관계가 동일하다고 ($\rho_{i,j} = \rho, \forall i, j$) 가정한다. 먼저, RC를 정리한 후 $\rho_{i,j} = \rho, \forall i, j$를 적용하면, 다음과 같이 정리할 수 있다.

$$RC_i = w_i \times \frac{\partial \sigma_p}{\partial w_i} = w_i \times \left[\frac{\sum_{j=1}^{n}(w_j \sigma_i \sigma_j \rho_{i,j})}{\sigma_p} \right]$$

$$= \frac{w_i^2 \sigma_i^2 + \rho \sum_{i \neq j}^{n}(w_i w_j \sigma_i \sigma_j)}{\sigma_p}$$

$$= \frac{w_i \sigma_i [(1-\rho) w_i \sigma_i + \rho \sum w_j \sigma_j]}{\sigma_p}$$

여기서 $y_i = w_i \sigma_i > 0, K = \sum_j w_j \sigma_j > 0$로 놓고 푼 뒤, 정리를 하면 다음의 관계를 얻게 된다.

$$RC_i = \frac{y_i [(1-\rho) y_i + \rho K]}{\sigma_p}$$

RP하에서 두 종목 간 RC는 같으므로, 아래와 같이 정리된다.

$$w_i \times \frac{\partial \sigma_p}{\partial w_i} = w_j \times \frac{\partial \sigma_p}{\partial w_j}$$

$$\frac{y_i[(1-\rho)y_i + \rho K]}{\sigma_p} = \frac{y_j[(1-\rho)y_j + \rho K]}{\sigma_p}$$

$$(y_i - y_j)[(1-\rho)(y_i + y_j) + \rho K] = 0$$

위 공식에서 $(1-\rho)(y_i + y_j) + \rho K$ 는 언제나 0이 아니므로, $y_i - y_j = 0$, 즉 $y_i = y_j$ 의 결과가 도출된다. 이 결과와 비중의 합이 1인 조건을 풀면, 최적해는 다음과 같이 구해진다.

$$\begin{bmatrix} w_i \sigma_i = w_j \sigma_j \\ \sum_{i}^{n} w_i = 1 \end{bmatrix}$$

$$w_i = \frac{1/\sigma_i}{\sum_{j=1}^{n} 1/\sigma_j}$$

계산된 최적해를 보면, 개별 종목의 비중은 개별 변동성의 역수에 비례하며, 이는 자산이 2개인 RP와 동일한 결과이다. VP는 Naive Risk Parity라는 이름으로도 불리며, 최적화의 복잡한 과정을 거치지 않고 엑셀 등으로 간단히 구현이 가능하다는 점에서 종종 활용된다. 이는 변동성이 큰 종목에는 작은 비중을, 변동성이 작은 종목에는 많은 비중을 부여하여, 저변동성 효과와도 관련 있다.

최소분산 포트폴리오 MVP: Minimum Variance Portfolio

지난 장에서 MVP는 효율적 투자기회선에서 가장 왼쪽에 위치한, 즉 위험이 가장 작은 포트폴리오임을 설명했다. '고위험 고수익' 이론하에서 위험이 낮은 포트폴리오는 위험이 높은 포트폴리오 대비 수익이 낮아야 한다. 그러나 저위험 포트폴리오의 수익률이 고위험 포트폴리오의 수익률 대비 오히려 높은, 포트폴리오 차원에서의 저위험 이상현상$^{Low\ Risk\ Anomaly}$이 실증적으로 관찰된다. 즉 선택 전략의 저위험 팩터에서는 위험이 낮은 종목을 택했다면, 저위험 포트폴리오는 전체 유니버스 혹은 선택된 종목의 비중 조절을 통해 포트폴리오의 위험을 낮추는 전략이다. MVP[76]는 분산, 즉 변동성을 최소로 하는 포트폴리오를 말한다. MVP를 구하기 위해서는 아래의 최적화 문제를 풀어야 한다.

$$\min \frac{1}{2}\sum_{i=1}^{n}\sum_{j=1}^{n} w_i w_j \sigma_{i,j}$$

$$s.t. \sum_{i}^{n} w_i = 1$$

$$w_i \geq 0 \, (i = 1, 2, \cdots, n)$$

제약식 중 비음조건$^{Non-negative\ Constraints}$은 공매도가 허용되지 않는$^{Long-Only}$ 포트폴리오를 고려할 때 필요하며, 공매도가 가능한 경우에는 필요하지 않다. 반면, 비중의 합이 1이 되는 제약식은 언제나 필요한 제약식이다.

위의 최적화 문제는 계산기나 엑셀 등으로 풀기에는 힘들며,

---

[76] 우리말 '분산'이 'Diversification'으로 해석이 되어 혼란을 줄 수 있으므로 본 책에서는 MVP(Minimum Volatility Portfolio)로 사용한다.

최적화 패키지[77]를 주로 사용한다. 종목의 수가 많아지면(KOSPI 200의 경우 200 종목이지만, MSCI World Index와 같은 경우는 종목의 수가 약 1,650개) 계산 시간이 훨씬 많이 소요되지만, 최근 컴퓨터의 성능을 고려하면 이는 큰 문제가 되지 않는다.[78]

MVP의 특성을 이해하기 위해, 먼저 비음조건이 없는 다음의 문제를 먼저 고려해보도록 한다.

$$\min \frac{1}{2}\sum_{i=1}^{n}\sum_{j=1}^{n}w_i w_j \sigma_{i,j}$$
$$s.t. \sum_{i}^{n} w_i = 1$$

위 문제는 제약 조건식이 하나밖에 없으므로, 간단하게 수학적인 해Analytical Solution를 구할 수 있다. 위 목적함수와 제약함수를 행렬 표기Matrix Notation로 나타내면 다음과 같다. 수식의 자세한 유도는 해당 장의 부록에 첨부한다.

$$w_{MV} = \frac{\Omega^{-1}e}{e^T\Omega^{-1}e}$$
$$\sigma_p^2(w_{mv}) = \frac{1}{e^T\Omega^{-1}e}$$

77 본 책에서는 R 언어의 'FRAPO'와 'quadprog' 패키지를 사용하였다.
78 다만, 공분산 행렬의 크기가 커지면 수치해석적으로 불안정해져, 수학적인 해는 존재하지만 컴퓨터가 해를 찾지 못하거나, 정교하지 못한 해를 찾게 되는 경우도 종종 발생한다. 따라서, 규모가 큰 최적화 문제를 풀기 위해서는 Ready-Made 패키지는 한계가 있으며, 제대로 된 Solver를 위해서는 섬세한 코드 혹은 프로그램이 필요하다.

MV 포트폴리오의 MRC를 살펴보면 다음 조건이 만족된다.

$$\frac{\partial \sigma_p}{\partial w_i} = \frac{\partial \sigma_p}{\partial w_j} = \sigma_p, \forall i, j$$

즉 종목들의 비중이 한 단위 증가했을 때, 포트폴리오의 위험(변동성)이 증가하는 정도가 모든 종목에서 같을 때 최적해가 구해진다. 특정 종목의 MRC가 다른 종목보다 작으면 해당 종목의 비중을 늘리고, 다른 종목보다 크면 해당 종목의 비중을 줄여, 모든 종목의 MRC가 같아지도록 비중을 조절한다. 이 균형점이 바로 최소 변동성을 가지는 포트폴리오이다.

최대 분산 포트폴리오^{MDP : Most Diversified Portfolio}

먼저 분산 비율^{DR : Diversification Ratio}은 아래와 같이 정의된다. 분산 비율의 분모는 포트폴리오의 변동성이며, 분자는 개별 변동성의 가중평균이다.

$$Diversification\ Ratio = DR(w) = \frac{\sum w_i \sigma_i}{\sigma_p} = \frac{w^T \sigma}{\sqrt{w^T \Omega w}}$$

모든 종목 간의 상관관계가 $1(\rho_{i,j} = 1, \forall i, j)$일 경우, 즉 모든 종목들이 완벽 상관^{Perfectly Correlated}일 경우, 포트폴리오의 변동성은 개별 변동성의 가중평균과 같으므로 $(\sum w_i \sigma_i = \sigma_p)$ 분산 비율은 1이다. 그러나 대부분의 경우 종목 혹은 자산 간의 상관관계는 1보다 작으며, 이로 인한 분산 효과로 포트폴리오의 변동성은 개별 변동성의 가중평균보다 작게 되어, 분산 비율은 1보다 크게 된다.

$$\sum w_i \sigma_i > \sigma_p \text{이면 } DR(w) > 1$$

MDP 방법은 분산 비율을 최대화하는 전략으로 상관관계가 작거나 혹은 음수인 종목들을 위주로 포트폴리오를 구성하게 된다. 종목들 간의 상관관계가 낮을수록 포트폴리오의 분산 효과는 커지게 되며, 포트폴리오 전체의 변동성은 작아진다. 이는 곧 분산 비율을 크게 한다.

이를 달리 표현하면, MDP하에서는 분산 가능 위험[Diversifiable Risk], 비체계적 위험[Unsystematic Risk]은 가급적 제거하고, 분산 불가능 위험[Non-Diversifiable Risk]만이 존재하게 된다. 시장에서 보상을 받을 수 있는 위험, 즉 분산 불가능 위험(Risk Premium이 존재하는 위험)만을 남기고, 분산을 통해서 제거가 가능한 위험, 즉 시장에서 보상받을 수 없는 위험은 제거한다. MDP 전략의 최적화 모형은 아래와 같다.

$$\max DR(w) = \max \frac{\sum w_i \sigma_i}{\sigma_p}$$
$$s.t. \sum_{i}^{n} w_i = 1$$

각 전략들의 비교

[표 12. 1]은 비음조건이 없는 경우 각 배분 전략별 최적화 조건의 정리이며, [표 12. 2]는 각 전략들의 간단한 예제이다.

[표 12. 1] 각 배분 전략의 비교(비음조건이 없는 경우)

전략	특성	최적 조건
동일비중(EW)	동일비중	Equal Weight
리스크 패러티(RP)	동일 RC	$w_i \times \frac{\partial \sigma_p}{\partial w_i} = w_j \times \frac{\partial \sigma_p}{\partial w_j}$
최소분산(MV)	포트폴리오 분산 최소화	$\frac{\partial \sigma_p}{\partial w_i} = \frac{\partial \sigma_p}{\partial w_j}$
최대분산 효과(MDP)	DR(Diversification Ratio) 최대화	$\frac{\partial \sigma_p}{\partial w_i} \times \frac{1}{\sigma_i} = \frac{\partial \sigma_p}{\partial w_j} \times \frac{1}{\sigma_j}$

[표 12. 2] 각 배분 전략의 예제

	A	B	C
변동성	30%	2%	6%

상관관계 행렬			
	A	B	C
A	100%	20%	10%
B	20%	100%	30%
C	10%	30%	100%

	종목 비중			Risk Contribution		
	A	B	C	A	B	C
EW	33.33%	33.33%	33.33%	92.34%	1.95%	5.71%
RP	5.13%	70.26%	24.61%	33.32%	33.32%	33.34%
MV	0.08%	88.21%	11.70%	0.25%	79.93%	19.82%
MDP	0.00%	77.41%	22.59%	0.00%	55.10%	44.90%

부록

비음조건이 없는 MVP의 비중 및 분산

MVP의 목적함수와 제약함수는 다음과 같다.

$$\min \frac{1}{2} w^T \Omega w$$
$$s.t.\ e^T w = 1$$

이를 풀기 위해 라그랑지안 함수로 표현한 후 weight로 미분하여 정리하면 다음과 같다.

$$\mathcal{L} = \frac{1}{2} w^T \Omega w - \lambda(e^T w - 1)$$
$$\frac{\partial \mathcal{L}}{\partial w} = \Omega w - \lambda e = 0$$
$$\Omega w = \lambda e$$
$$w = \lambda \Omega^{-1} e$$

다음으로 라그랑지안 함수를 람다(Lambda)에 대해 미분한 후, 위에서 구한 w를 대입하여 정리해 주도록 한다.

$$\frac{\partial \mathcal{L}}{\partial \lambda} = e^T w - 1 = 0$$
$$e^T(\lambda \Omega^{-1} e) = 1$$
$$\lambda = \frac{1}{e^T \Omega^{-1} e}$$

정리된 Lambda 값을 위에서 구한 w에 대입한 후, 정리하면 다음과 같은 최종 w가 구해진다.

$$w = \lambda \Omega^{-1} e = \frac{\Omega^{-1} e}{e^T \Omega^{-1} e}$$

포트폴리오의 변동성 수식에 위에서 구한 w 값을 대입하여 정리하면 다음과 같다.

$$\sigma_P^2 = w^T \Omega w = \frac{e^T \Omega^{-1}}{e^T \Omega^{-1} e} \times \Omega \times \frac{\Omega^{-1} e}{e^T \Omega^{-1} e}$$
$$= \frac{e^T \Omega^{-1} e}{e^T \Omega^{-1} e \times e^T \Omega^{-1} e} = \frac{1}{e^T \Omega^{-1} e}$$

> 부록

비음조건이 없는 MVP의 MRC

먼저, MRC를 풀어 쓰면 다음과 같은 형태로 나타난다.

$$\frac{\partial \sigma_P}{\partial w} = \frac{2\Omega w}{2\sqrt{w^T \Omega w}} = \frac{\Omega w}{\sigma_p}$$

이전에 구한 식들을 대입하면, Ωw는 다음과 같이 나타낼 수 있다.

$$\Omega w = \Omega \times \frac{\Omega^{-1} e}{e^T \Omega^{-1} e} = \frac{e}{e^T \Omega^{-1} e}$$

$$\frac{1}{e^T \Omega^{-1} e} \times e = \sigma_p^2 \times e$$

이를 이용해 MRC를 다시 정리하면 다음과 같다.

$$\frac{\partial \sigma_P}{\partial w} = \frac{\Omega w}{\sigma_p} = \frac{\sigma_p^2}{\sigma_p} = \sigma_p$$

$$\frac{\partial \sigma_P}{\partial w_i} = \frac{\partial \sigma_P}{\partial w_j} = \sigma_p, \forall\, i, j$$

즉, 최소분산 포트폴리오는 모든 종목들의 MRC가 같아지도록 포트폴리오를 구성한다.

13 한국 주식 시장 내 배분 전략

앞에서 살펴본 EW, RP, MVP 그리고 MDP 전략의 한국 시장 내 유효성을 살펴보기 위해 백테스트를 실시한다. 2000년부터 2016년까지 KOSPI 200 종목을 대상으로, 각 전략에서 계산된 비중을 이용한 포트폴리오를 구성한다. 리밸런싱은 3개월 주기(1월, 4월, 7월, 10월)로 하며, KOSPI 200과의 비교를 위해 매매 수수료 및 배당은 고려하지 않는다. 공분산은 과거 12개월 수익률을 이용하여 계산했으며, 해당 기간의 수익률이 존재하지 않는 종목은 RP, MVP 그리고 MDP 포트폴리오에서 제외한다.

또한 MVP와 MDP 전략에 한하여, 각 종목별 최대투자비중을 설정한다. [그림 13. 1]은 제약 조건이 없이 KOSPI 200 기준 최소분산 포트폴리오의 최적해를 찾은 결과로써, 시가총액 소형주에 지나치게 많은 비중이 쏠리며, 200개 종목 중 소수의 종목만이 선택되는 문제가 발생한다.

[그림 13.1] 비제약 조건의 MVP 최적해(2016년 12월 기준)

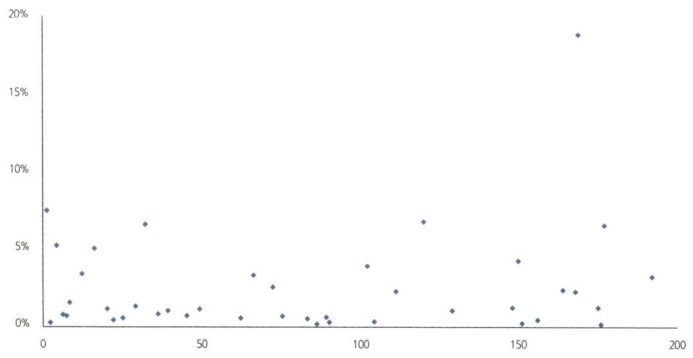

    이러한 문제를 해결하기 위해 다음과 같이 개별 종목의 최대 투자비중을 설정한다. 먼저, 특정 종목에의 쏠림을 방지하기 위해 최대비중을 5%로 제한한다. 또한, 소형주에서 시가총액비중과 지나친 비중 차이를 줄이기 위해 '20 × 시가총액비중'의 제약 조건을 추가한다. 예를 들어, 시가총액비중이 10bp인 종목의 경우, 최대투자비중을 200bp로 제한한다. 결과적으로, 종목당 최대투자비중을 min(5%, 20 × 시가총액비중)로 설정[79]한다.

    [그림 13.2]와 [표 13.1]은 KOSPI 200지수와 각 전략별 백테스트 결과이다. 앞서 살펴본 4가지 배분 전략이 장기적으로 시가총액 지수인 KOSPI 200 대비 뛰어난 성과를 보임이 확인된다. 이 중 MVP의 성과가 가장 우수한 것으로 나타나며, 이는 MVP의 변동성이 원래의 취지에 맞게 가장 작고, 최대 손실율 또한 가장 낮은

---

[79] 이 외에도 섹터별 투자비중 제한, 매매 회전율 제한, 최소 종목수 등 다양한 제약 조건을 추가해줄 수 있다.

것과 연결된다. 즉 장기투자에 있어 큰 손실을 피하는 것이 장기성과를 높이는 데 결정적임이 확인된다.

3팩터 회귀분석 결과를 보면, KOSPI 200지수의 경우 대형주 비중이 많음으로 인해 SMB베타가 음수를 나타내지만, 4가지 전략은 대형주로의 쏠림이 작아 SMB베타가 양수를, 즉 소형주 효과가 강함이 확인된다. 또한 EW와 RP의 경우 시장베타가 1에 가깝지만 MVP, MDP의 경우 낮은 시장베타를 보인다. KOSPI 200은 HML과 역의 관계를 가지는 반면 4가지 전략은 HML과 정의 관계를 보임도 확인된다.

[그림 13.2] 배분 전략 별 누적 수익률(2000~2016)

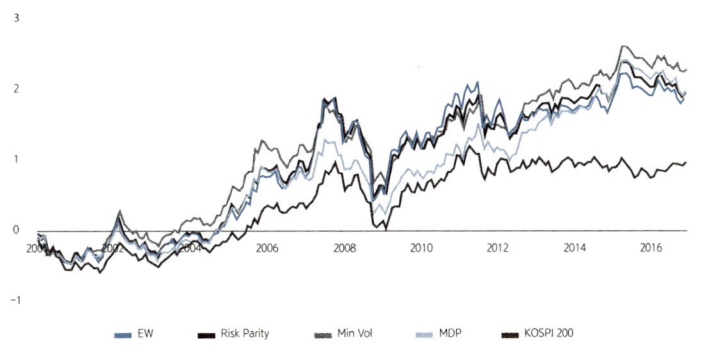

[표 13.1] 배분 전략별 통계값

	연간 수익률 (산술)	연간 수익률 (기하)	연율화 변동성	샤프 지수	승률	최대 손실률
EW	9.46%	6.38%	25.51%	0.2499	54.90%	51.19%
RP	9.18%	6.59%	23.54%	0.2797	56.37%	48.78%
MVP	8.77%	7.25%	18.71%	0.3877	55.88%	42.25%

	연간 수익률 (산술)	연간 수익률 (기하)	연율화 변동성	샤프 지수	승률	최대 손실률
MDP	8.95%	6.59%	22.48%	0.2932	53.43%	48.67%
KOSPI 200	6.68%	4.16%	22.82%	0.1823	56.37%	54.69%

	월간 α	MKT	SMB	HML
EW	−0.03% (−0.167)	1.1111 (43.575)	0.3498 (11.939)	0.2771 (7.220)
RP	−0.05% (−0.302)	1.0180 (41.168)	0.3389 (11.924)	0.2937 (7.891)
MVP	−0.03% (−0.153)	0.7365 (24.699)	0.2394 (6.986)	0.3227 (7.190)
MDP	−0.04% (−0.151)	0.8983 (25.538)	0.2924 (7.233)	0.2997 (5.660)
KOSPI 200	0.33% (7.696)	0.9991 (155.494)	−0.0536 (−7.258)	−0.0217 (−2.241)

맺음말

　　투자의 목적은 가급적 낮은 위험으로 높은 수익을 올리는 것이며, 이러한 목적에 부합하는 방법들은 여러 가지가 있다. 국내에서 투자자들이 투자하고 있는 주식형 펀드는 대부분 소위 펀더멘털, 바텀업 혹은 Judgemental이라는 방법으로 투자를 하고 있다. 펀더멘털 투자는 당연히 오랜 세월 동안 검증된 방법이고 이를 뒷받침하는 단단한 투자 철학이 있다. 하지만 펀더멘털 투자가 투자의 목적에 부합하는 유일한 방법은 아니며, 다른 방법론에 비해 항상 탁월한 것도 아니다. 장기적으로 좋은 성과를 내는 다양한 투자 방법론들이 존재하며 스마트베타는 이러한 방법론 중에 대표적인 예이다.

　　그동안 국내 상황을 보면 펀더멘털에 의한 방법이 너무 오랜 기간 주류를 이루어서인지 여타 투자방법론은 투자자들에게 생소하고 많이 알려져 있지 못하며, 이를 통한 자금의 운용 규모도 미미한 수준이다. 스마트베타 또한 아직은 많은 투자자들에게 생소한 투자 방법론이지만, 상대적으로 이해하기가 쉽고 매우 체계적이며, 장기적으로 위험조정수익_{Risk-adjusted Return}이 주가지수에 비해 우수한 방법론이다.

　　스마트베타는 퀀트적인 방법론의 하나라고 생각할 수 있는데, '퀀트적'이라는 표현은 왠지 어려워 보이고 투자자들에게 다가

가기 힘든 측면이 있다. 그러나 최근에는 기관투자가들을 중심으로 천천히 관심을 받고 있으며, 스마트베타를 활용한 ETF들이 출시되어 운용 및 거래되고 있다. 스마트베타 전략을 더욱 발전시킨 방법으로 투자를 하는 상품들이 출시되는 등 다양한 시도들이 있다.

그간 국내 주식투자에서는 종목 선택에만 집중한 나머지 포트폴리오 구성과 관리는 상대적으로 소홀한 측면이 있었다. 개별 종목 선택은 당연히 중요하고 투자의 성과에 큰 영향을 미치지만, 개별 종목들로 이루어진 전체 포트폴리오를 관리하는 것 또한 중요하며 궁극적으로 안정적인 투자 성과와 직결된다.

아무리 종목을 엄선한다 해도 모든 종목들이 동시에 좋은 성과를 내는 것은 불가능에 가까우며, 선택한 종목들이 모두 좋은 성과를 내는 것도 아니다. 항상 오르는 종목만을 선택하는 사람은 없다. 좋은 성과를 내기 위해서는 안정적 포트폴리오의 구성을 통해 위험 관리를 어떻게 할지에 대한 고민이 반드시 필요하다. 종목 선택에만 집중을 하는 것은 나무만 보고 숲을 보지 못하는 것과 같다. 스마트베타 전략은 종목 선택뿐 아니라 체계적으로 위험을 관리하는 배분 역시 중시한다.

우리 사회는 급속한 고령화가 진행되고 있지만, 한동안은 연금을 받는 수급자보다는 납입하는 가입자가 많기 때문에 연기금의 규모는 현재 급속히 커지고 있다. 국민연금이 세계 3대 기금이 되었고, 퇴직연금도 150조를 넘었다. 안타깝게도 아직은 보수적인 운용을 하고 있지만, 적어도 기금의 순유입이 더 큰 동안은 적극적인 운용이 필요하다. 또한 국내 경기가 저금리 저성장의 고착화가 염려되는 상황에서 해외 투자는 운용수익의 제고뿐만 아니라 분산 투자를 통한 위험 관리 차원에서 반드시 필요하다. 국내 투자자에게 익숙한 펀더멘털에 의한 투자는 해외 투자로 바로 확장하기가 어렵다. 펀더멘털 투자를 위한 리서치를 위해서는 상당한 인적, 물적 투자가 필요하고, 기존 펀더멘털 매니저들이 쉽게 접근하기 어려운 면이 있다. 반면 스마트베타는 장기적으로 주가지수보다 좋은 성과를 낼 수 있을 것으로 기대되며, 이러한 방법들로 해외 투자를 시도하는 것이 장기적 관점에서 합리적이고 현실적인 대안이 될 수 있다. 특히 연기금과 같이 대규모 자금을 운용할수록 개별 종목의 선택보다는 자산 배분 및 포트폴리오 구성이 중요하므로 스마트베타의 방법론이 포트폴리오의 위험 관리에 도움이 될 수 있다.

스마트베타가 작은 시작이 되어 흔히 말하는 '직감'에 의한 투자보다는 합리적인 판단 근거를 가진 원칙 있는 투자 문화가 정착되기를 바라며, 또한 해외 투자의 중요한 무기가 되었으면 한다.